AF356295

TOILETTE
D'UNE ROMAINE

AU TEMPS D'AUGUSTE

ET

COSMÉTIQUES D'UNE PARISIENNE

AU XIXe SIÈCLE

IMPRIMERIE GÉNÉRALE DE CH. LAHURE
Rue de Fleurus, 9, à Paris

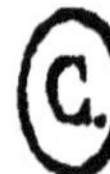

TOILETTE
D'UNE ROMAINE

AU TEMPS D'AUGUSTE

ET

COSMÉTIQUES D'UNE PARISIENNE

AU XIXᵉ SIÈCLE

PAR

LE Dᴿ Constantin JAMES

Ancien collaborateur de Magendie
chevalier de la Légion d'honneur et des ordres de Frédérick du Wurtemberg
des SS. Maurice et Lazare de Sardaigne, de François Ier des Deux-Siciles
du Christ du Portugal, d'Adolphe de Nassau
de Léopold de Belgique, de Charles III d'Espagne
membre de plusieurs Académies françaises et étrangères

—◆—

PARIS

LIBRAIRIE DE L. HACHETTE ET Cⁱᵉ

BOULEVARD SAINT-GERMAIN, Nᵒ 77

—

1865

Droit de traduction réservé

AVANT-PROPOS.

L A chimie a fait dans ces derniers temps
de tels progrès, que ses produits sont
assez généralement passés dans le do-
maine de l'industrie. Malheureusement, parmi
ces produits, bon nombre représentent des poisons véritables et, chose qu'on ne saurait trop
déplorer, on les associe, d'habitude, aux substances qui devraient être au contraire les plus
hygiéniques. Qu'y a-t-il, en effet, qui se rattache
plus directement à l'hygiène que les cosmétiques
destinés à nos usages de chaque jour? Or, ils
renferment pour la plupart des agents vénéneux,
cause première d'accidents d'autant plus redoutables qu'on est nécessairement plus porté à en

A

méconnaître l'origine. C'est au point que cette question des cosmétiques s'est presque élevée à la hauteur d'une question sociale.

Et cependant aucun médecin, jouissant de quelque autorité dans la science, n'a osé encore en faire l'objet d'une publication à part, comme si on ne pouvait aborder de semblables matières sans déchoir et sans déroger.

De tels scrupules, tout respectables qu'ils sont, me paraissent sans fondement. Qu'importe la futilité apparente du sujet dès l'instant où la santé publique est en jeu ! Je viens donc rompre ici un silence trop longtemps prolongé et, pour bien définir mon intention et mon but, j'intitule carrément cette étude : *Cosmétiques d'une Parisienne au dix-neuvième siècle.*

On me demandera sans doute pourquoi une Parisienne plutôt, par exemple, qu'une Anglaise, une Allemande ou une Espagnole. Est-ce là de notre part un vain caprice ou, mieux encore, une simple satisfaction donnée à notre amour-propre national ? Non ; c'est l'opinion elle-même qui nous a dicté ce choix, nulle autre n'ayant plus de droits qu'une Parisienne à se dire reine de cet empire qui a le monde pour limites et qu'on appelle la mode.

Mais cet empire d'autres l'avaient exercé bien avant elle. Nous devrons donc distinguer ce qui lui revient en propre, d'avec ce qu'elle n'a eu que la peine d'adapter à ses goûts, à ses usages, à son temps. Il va nous falloir pour cela choisir dans l'antiquité quelque type qui soit réellement digne de lui être opposé. Or ce type ne peut se rencontrer ailleurs qu'à Rome. Rome, en effet, sous les premiers Césars, représentait un centre où venaient s'absorber toutes les nationalités du globe, de même que, de nos jours, Paris représente un foyer d'où rayonnent, illuminés de son empreinte, tous les perfectionnements du goût contemporain. Nous ne saurions donc rien trouver de mieux pour servir de pendant et d'introduction aux cosmétiques de notre Parisienne, que la *Toilette d'une Romaine au temps d'Auguste.*

Notez que nous disons « Toilette », et non plus seulement « Cosmétiques. » C'est qu'en agrandissant ainsi le champ de nos remarques, nous nous ménageons de pouvoir glaner plus à notre aise dans cette antiquité vers laquelle nous ramènent tout à la fois et le charme d'anciens souvenirs, et la perspective de piquantes révélations. J'y vois surtout l'avantage de jeter, tout d'abord, assez d'intérêt et de variété dans nos récits, pour préparer les voies à la partie réellement pratique de cette étude, celle qui a trait à notre Parisienne. J'use ainsi, et il serait peut-être plus habile à moi de n'en point faire l'aveu, j'use ainsi d'un artifice bien connu déjà des médecins d'autrefois, comme le prouve ce charmant passage de Lucrèce :

Sed veluti pueris absinthia tetra medentes
Quum dare conantur, prius oras pocula circum
Contingunt mellis dulci flavoque liquore.

Pour présenter l'absinthe à ce débile enfant,
Sur les bords de la coupe ainsi ta main savante
Verse d'un miel doré la liqueur décevante.
Du bienfaisant breuvage ignorant l'âpreté,
Heureux dans son erreur, l'enfant boit la santé.

———

3 mars 1865. — L'accueil fait aux quelques extraits de ce livre que j'ai publiés, vers la fin de l'année dernière, dans le *Grand Journal*, me permettait de bien augurer du succès de l'ouvrage. Mais il m'était réservé, avant même qu'il parût, un triomphe d'un autre genre

auquel je ne devais assurément point m'attendre. Ainsi on me remet à l'instant un Traité, traduit de l'anglais, sur les odeurs et les parfums, qu'accompagnent des notes et un Appendice par M. O. Reveil. Or ce dernier, trouvant sans doute mes articles de son goût et à sa convenance, mais jugeant inutile d'en mentionner l'auteur, a cru devoir s'en approprier non pas seulement les idées, non pas seulement quelques passages isolés, mais des paragraphes et jusqu'à des chapitres *in extenso*. On pourrait même dire que, dans ces reproductions, il a poussé l'exactitude jusqu'au scrupule. Qu'on en juge par la comparaison des textes :

Ma rédaction.	Celle de M. O. Reveil.
« Toute plante, en plus de son odeur, est un foyer d'exhalaisons plus ou moins redoutables. Qu'il me suffise de rappeler l'expérience qui consiste à placer le soir plusieurs roses, privées de leurs feuilles, sous une cloche de verre close hermétiquement. Pendant la nuit, ces roses absorbent l'oxygène de l'air contenu dans la cloche, et rendent en échange de l'acide carbonique; si le lendemain on en approche une bougie allumée, elle s'éteint. Ainsi s'explique comment une fleur oubliée dans une chambre à coucher a pu causer des maux de tête, des nausées, et des vertiges. Or je ne sache pas que jamais pot de pommade, quel que fût son arome, ait été accusé de semblables méfaits.	« Toute plante, en plus de son odeur, est un foyer d'exhalaisons plus ou moins redoutables. On connaît assez l'expérience qui consiste à placer le soir une rose, privée de ses feuilles, sous une cloche de verre close hermétiquement. Pendant la nuit, elle absorbe l'oxygène de l'air contenu dans la cloche, et rend en échange de l'acide carbonique; si le lendemain on en approche une bougie allumée, elle s'éteint. Une fleur oubliée dans une chambre à coucher a pu causer des maux de tête, des nausées, des vertiges. Or jamais pot de pommade, quel que fût son arome, n'a été accusé de semblables méfaits.

Ma redaction.	Celle de M. O. Reveil.

« L'abus des parfums jette l'esprit et le corps dans une sorte d'alanguissement. Ces caractères énervants sont surtout le propre des odeurs fines et un peu fades, telles que celles de la rose, du lis, du jasmin et de la tubéreuse. Ils ne l'ignorent pas, ces Asiatiques, qui, pour engourdir la femme dans l'esclavage du harem, l'entourent d'une atmosphère tout imprégnée de voluptueuses effluves. Rappellerai-je que la cour parfumée de Louis XV fut, entre toutes, une cour efféminée? N'oublions pes la muscade, qui valut aux *roués* du Directoire l'épithète qui leur a survécu. Quant aux odeurs aromatiques et pénétrantes, telles que celles qu'on retire de la lavande, du thym; de la menthe et de la verveine, elles ont plutôt quelque chose qui ranime et qui restaure; un degré de plus, et elles pourront devenir un stimulant efficace du cerveau. C'est ainsi qu'il suffira de faire respirer de l'acide acétique (*sel anglais*) ou de l'ammoniaque, pour prévenir ou dissiper un évanouissement.

« .... A mesure que l'air pénètre dans la chevelure, la séve y abonde, d'où résulte pour le cheveu un surcroît de vigueur. Le cheveu ne tient pas seulement du végétal par les sucs qu'il s'assimile, il en tient

« L'abus des parfums jette l'esprit et le corps dans une sorte d'alanguissement. Ces caractères énervants sont surtout le propre des odeurs fines et un peu fades, telles que celles de la rose, du lis, du jasmin et de la tubéreuse. Rappellerai-je ces Asiatiques, qui, pour engourdir la femme dans l'esclavage du harem, l'entourent d'une atmosphère tout imprégnée d'effluves odorantes? cette cour parfumée de Louis XV, qui fut, entre toutes, une cour efféminée? ces *roués* du Directoire, à qui la muscade a valu l'épithète qui leur a survécu? Quant aux odeurs aromatiques et pénétrantes, telles que celles que l'on retire de la lavande, du thym, de la menthe et de la verveine, elles raniment et restaurent; un degré de plus, et elles pourront devenir un stimulant efficace du cerveau. Il suffira de faire respirer de l'acide acétique (*sel anglais*) ou de l'ammoniaque, pour prévenir ou dissiper un évanouissement.

« .... A mesure que l'air pénètre dans la chevelure, la séve y abonde, et il en résulte pour le cheveu un surcroît de vigueur. Le cheveu ressemble à un végétal par les sucs qu'il s'assimile et

Ma rédaction.

Celle de M. O. Reveil.

également par le rôle que joue l'air dans sa vitalité. De même qu'une plante dépérit et s'étiole quand elle est habituellement soustraite au contact de l'atmosphère, de même le cheveu s'étiole et dépérit quand il n'en ressent plus la vivifiante influence. Si les Turcs deviennent chauves de bonne heure, c'est que le turban empêche l'air d'aviver leur cuir chevelu; par contre, nos gens de service ont d'ordinaire le crâne mieux garni que leurs maîtres, les convenances voulant qu'ils restent plus souvent la tête découverte.

« .... Nous revêtîmes le corps de lapins et autres animaux d'un enduit visqueux, tel qu'une dissolution concentrée de gomme, de gélatine et de térébenthine. Ces substances, fort innocentes de leur nature, agglutinaient les poils, et, en se desséchant, emprisonnaient l'animal tout entier, moins sa face, dans une coque imperméable. Les mouvements de la poitrine et le jeu des principaux appareils n'éprouvaient point d'entraves; la peau seule ne communiquait plus avec l'atmosphère. Ces animaux moururent, en peu d'heures, comme s'ils étaient asphyxiés.

« Ainsi, dès l'instant où les fonctions perspiratoires de la peau sont troublées ou suspen-

par le rôle que joue l'air dans sa vitalité. De même qu'une plante dépérit et s'étiole quand elle est habituellement soustraite au contact de l'atmosphère, de même le cheveu s'étiole et dépérit quand il n'en ressent plus la vivifiante influence. Si les Turcs deviennent chauves de bonne heure, c'est que le turban empêche l'air d'aviver leur cuir chevelu; si nos gens de service ont d'ordinaire le crâne mieux garni que leurs maîtres, c'est que les convenances veulent qu'ils restent plus souvent la tête découverte.

« .... On revêt le corps d'un lapin d'un enduit visqueux, tel qu'une dissolution concentrée de gomme, de gélatine et de térébenthine. Ces substances, innocentes de leur nature, agglutinent les poils, et, en se desséchant, emprisonnent l'animal entier, moins sa face : les mouvements de la poitrine et le jeu des grands appareils n'éprouvent point d'entraves; la peau seule ne communique plus avec l'atmosphère. L'animal meurt, en peu d'heures, comme s'il était asphyxié.

« Ainsi, dès que les fonctions perspiratoires de la peau sont troublées ou suspendues, l'éco-

Ma rédaction.	Celle de M. O. Reveil.
dues par l'oblitération de ses pores, toute l'économie s'en ressent. Notre Parisienne est donc parfaitement dans son droit de faire intervenir les cosmétiques, ne fût-ce que pour éviter le sort des lapins de Magendie. »	nomie s'en ressent. On est donc parfaitement dans son droit de faire intervenir les cosmétiques, ne fût-ce que pour éviter le sort du lapin de Magendie. »

Ainsi rien n'y manque, pas même les plaisanteries dont j'ai cru pouvoir égayer mon récit !

Mais arrêtons-nous, car je n'en finirais pas si je voulais tout citer. Pareilles annexions, surtout de la part d'un professeur agrégé à la Faculté de médecine et à l'École de pharmacie, que les tribunaux consultent chaque jour, à titre d'expert, dans les questions qui touchent aux cosmétiques, pareilles annexions, dis-je, ont sans doute de quoi flatter mon amour-propre. Seulement elles se produisent dans des circonstances si insolites, ne fût-ce qu'au point de vue de la propriété littéraire, que je crois devoir dès maintenant prendre acte de mes titres et, au besoin, de mes droits.

TOILETTE

D'UNE ROMAINE

AU TEMPS D'AUGUSTE

TOILETTE

D'UNE ROMAINE

AU TEMPS D'AUGUSTE.

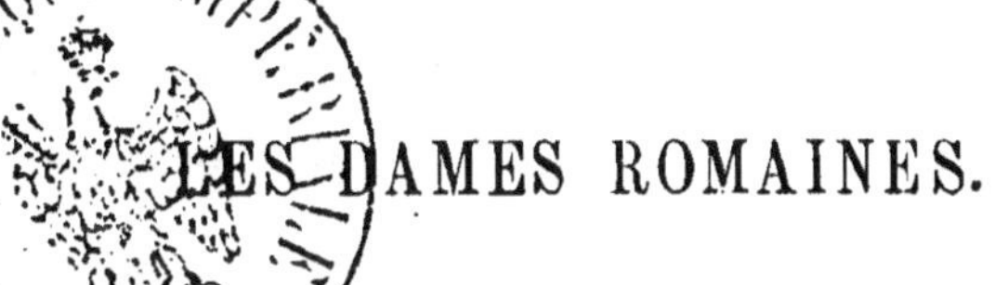

LES DAMES ROMAINES.

Tout ce qui se rattache à l'ancienne Rome occupe une telle place dans les souvenirs de nos jeunes ans, que le nom seul de l'immortelle cité a le privilége de réveiller en nous je ne sais quel passé de grandeur et d'héroïsme. Le citoyen romain est toujours à nos yeux ce personnage légendaire qui se drape dans la majesté de son titre et que, pour employer l'image d'Horace, « l'univers, en s'écroulant, peut atteindre, mais non ébranler : » *Impavidum ferient ruinæ*. Il n'est pas jusqu'aux matrones à qui notre admiration n'accorde des proportions exagérées. Nous aimons à nous les représenter comme des êtres à part, glorieux assemblage des Camille, des Cornélie et des Lucrèce. Or, est-il vrai que le désir de paraître belles ne les ait jamais entraînées à commettre aucun acte de haute coquetterie? Pensez-vous, par exemple, que toutes eussent pu répondre, comme la mère des Gracques, que « leurs enfants étaient leurs seuls et uniques joyaux ? » J'avoue que la lecture des auteurs qui nous ont initiés aux mœurs du siècle d'Auguste, m'a causé à leur endroit de singuliers mécomptes; ou plutôt cette étude m'a démontré, une fois de plus, la justesse et la portée de ce mot tant de fois cité de Térence : « Je suis homme; rien de ce qui appartient à l'humanité ne saurait m'être étranger : »

Homo sum; humani nihil a me alienum puto.

La femme, en effet, a toujours été femme, et,

aux époques même où elle nous étonne le plus par l'audace ou la magnanimité de ses actes, vous verrez qu'elle n'a jamais été complétement exempte des faiblesses qu'on pourrait dire inhérentes à son sexe. C'est du moins ce qui me paraît ressortir des documents légués par les écrivains de ce grand siècle, documents tellement circonstanciés et minutieux qu'on pourrait presque les intituler, comme certain ouvrage de nos jours : « Les Romaines peintes par elles-mêmes, » en donnant au besoin au mot *peintes* une double signification. On en jugera par les détails qui vont suivre. Et, pour qu'il soit bien prouvé que je ne fais point ici une œuvre d'imagination ni de fantaisie, j'aurai soin, comme pièces justificatives, de m'appuyer toujours sur les textes originaux.

Nous allons donc, nos auteurs en main, examiner en quoi consistait la TOILETTE D'UNE ROMAINE.

Or, par « toilette » nous ne désignons pas seulement l'ensemble des soins plus ou moins hygiéniques auxquels elle aura recours pour mettre en relief ses agréments personnels et, au

besoin, pour suppléer à ceux qui lui manque-
ront (*ars ornatrix*); nous entendons parler également des artifices que va lui fournir son esprit
toujours si ingénieux et si fécond, dès l'instant
où il s'agit dé plaire et surtout de tromper (*ars
fucatrix*). C'étaient là, disait Martial, deux
sciences bien redoutables (*artes metuendissi-
mæ*); mais la seconde l'était plus encore que
la première.

Notre travail, par conséquent, comprendra
deux divisions. Dans l'une, nous parlerons de
la toilette proprement dite de notre Romaine;
dans l'autre, des artifices qui en étaient le complément à peu près obligé.

PREMIÈRE PARTIE.

TOILETTE

PROPREMENT DITE.

EPORTONS-NOUS par la pensée aux temps où florissaient Ovide, Martial, Tibulle, Properce, Catulle et tant d'autres délicieux poëtes, et, par la pensée aussi, accompagnons l'un des médecins de Rome dans ses visites du matin. Il lui arrivera nécessairement d'entrer chez quelqu'une de ses clientes, à l'heure où elle commence sa toilette. Entrons-y avec lui, mais pour n'en ressortir que quand celle-ci sera terminée. Nous pourrons ainsi prendre note tout à notre aise de ce dont nous serons témoin.

I

PREMIÈRES LOTIONS.

L faut, dit Properce, « se laver, en se réveillant, la figure simplement avec de l'eau : »

Ac primum pura somnum tibi discute lympha.

Mais, très-probablement, notre héroïne préfère à l'eau pure quelqu'une des recettes indiquées par Ovide, et qui, autrefois comme aujourd'hui, s'annonçaient devoir infailliblement conserver la fraîcheur et la souplesse de la peau. Ce sera l'*helenium*, dont le lait d'ânesse constituait la base; ce pourra être aussi le *lo-*

mentum, que servaient à former la farine de fèves et la myrrhe de Judée ; ce sera surtout l'*œsype d'Athènes*, espèce d'électuaire qui « devait son onctuosité au suc huileux[1] de la toison des brebis : »

Demptus ab immundo vellere succus ovis.

Si, par hasard, quelques boutons (*tubera*) ou quelques taches de rousseur (*maculæ*) déparent son visage, n'a-t-elle pas l'*alcyonée*, précieux mucilage qu'on retirait du nid de certains oiseaux? Qu'elle s'en lotionne légèrement, et son teint, c'est Ovide qui l'affirme, « deviendra plus brillant encore que son miroir : »

Fulgebit speculo lævior illa suo.

Il va sans dire qu'après avoir touché à tant

---

1. Ce suc huileux, autrement appelé *suint*, était le cosmétique à la mode, encore bien qu'il exhalât une odeur à donner la nausée :

Non semel hinc stomacho nausea facta venit.

Ce qui n'empêchait pas les femmes de l'affectionner tellement qu'elles s'en inondaient la poitrine :

Et fluere in tepidos œsypa lapsa sinus.

de pommades et d'onguents, elle se lavera les mains avec du savon. Il y en avait de deux espèces : du mou et du liquide. Le plus estimé venait des Gaules : c'était un composé de graisse de chevreau et de cendre de hêtre, qu'aromatisait le cinnamome ou mieux le nard de Perse (*nardum persicum*).

Enfin les soins de sa bouche ne sauraient éveiller moins vivement sa sollicitude. Ira-t-elle se râcler tout d'abord la langue avec un ressort d'acier, dans le but de se la rendre et plus nette et plus lisse? La chose n'a rien d'invraisemblable. Du moins, j'ai vu au musée de Naples de petites *strigiles* (d'où nous avons fait étrilles), trouvées à Pompéia, qui avaient évidemment cette destination. En tout cas, elle se frictionnera les dents avec une brosse, « de peur, dit Ovide, que le tartre ne les envahisse : »

. . . . Ne fuscet inertia dentes.

Elle se gargarisera également avec une eau aromatique et légèrement parfumée, espèce d'eau de Botot, désignée comme celle-ci du nom de son inventeur, et appelée « eau de Cosmus » ou

« eau de Nicéros. » Je ne puis l'en blâmer, car tout le monde sera de l'avis de Catulle sur « la nécessité de se maintenir intacte la pureté de l'haleine : »

Nec male odorati sit tristis anhelitus oris [1].

D'ailleurs, des essences très-hygiéniques, celles de safran et de roses de Pœstum, en formaient l'ingrédient principal.

Cosmus, qui était le parfumeur en vogue, avait également donné son nom à des pastilles désinfectantes qui se composaient de myrte et de lentisque, pétris dans du miel et du vin vieux. (Y entrait-il aussi du cachou ?) « Ces pastilles, les merveilleuses se plaisaient à les croquer : »

Pastillas Cosmi luxuriosa vorat.

Elles parvenaient quelquefois de la sorte à

1. Ce n'est pas seulement dans leurs coutumes, c'est jusque dans leurs locutions familières que nous avons, à notre insu, copié les Romains. Croirait-on que la phrase : « Tuer les mouches au vol, » par laquelle on désigne vulgairement la fétidité de l'haleine, leur appartient ? C'est ainsi du moins qu'un vieux professeur de l'Université s'est permis de traduire ce passage d'une lettre de Cicéron : *Odor quem, ut aiunt, ne bestiolæ quidem ferre possunt.*

corriger certaines aigreurs superficielles de la respiration. Mais c'était souvent peine perdue ; ou même, s'il s'agissait d'émanations venant de l'estomac (*ructus quum venit a barathro*), le remède ne faisait qu'aggraver le mal (*olet gravius*), « tant ce mélange de deux odeurs se répandait au loin : »

Atque duplex animæ longius exit odor.

Que devait-ce être lorsqu'on se rinçait la bouche avec certain élixir qui se débitait dans des vases d'albâtre (*alabastra*), et qu'on n'estimait qu'autant qu'il venait d'Espagne? Je ne comprends pas, par exemple, la nécessité de recourir ainsi à un produit exotique, lequel se payait au prix de l'or, quand il était si facile de se le procurer chez soi. En effet, c'était tout simplement de.... Prononçons le mot en latin :

. . . . . . Et dens hibera defricatus URINA.

Du reste, si on en croit Catulle[1], les Espagnols

1. Diodore de Sicile parle également de cette étrange coutume des Espagnols, qu'on m'a dit ne pas être encore complétement tombée en désuétude dans certaines parties un peu arriérées de la Catalogne.

étaient ici les premiers à prêcher d'exemple, car,
« à peine venaient-ils de se renouveler à eux-
mêmes leur provision du matin, qu'ils n'avaient
rien de plus pressé que de l'utiliser : »

> Quod quisque minxit, hoc solet sibi mane
> Dentem atque russam defricare gingivam.

Le même poëte ajoute que « des dents très-
blanches prouvaient combien on avait fait con-
sciencieusement les choses : »

> Ut quo iste vester expolitior dens est.
> Hoc te amplius bibisse prædicet loti.

Cependant, à défaut d'autre recette, il préfère
l'eau pure (*puriter se lavit*). Je suis bien tenté
de croire qu'il a raison.

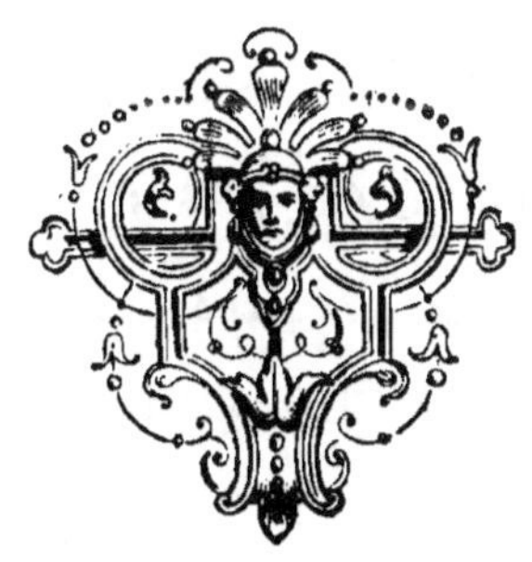

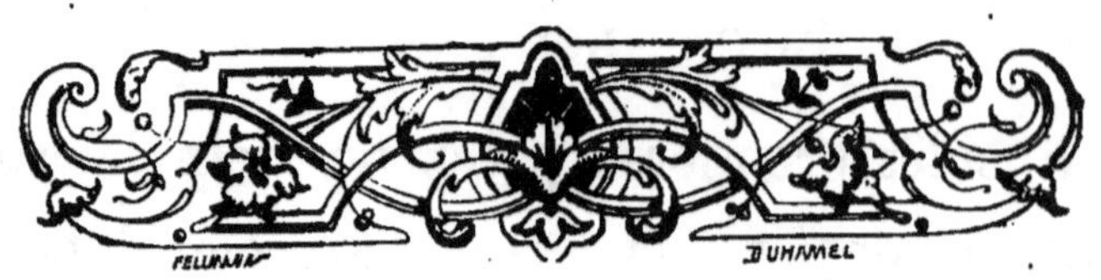

II

BAINS ET PÉDICURE.

Es détails qui précèdent ne sont que les préliminaires d'une toilette plus complète et plus sérieuse. Évidemment notre Romaine prendra un bain. Ce ne sera pas un de ces bains à grand orchestre que nous avons décrits ailleurs[1], et qui nécessitaient un attirail si compliqué de bassins et de milieux à des températures différentes. Non. Ce sera un simple bain domestique, comme tout bourgeois aisé en prenait chez soi, dans une pièce appro-

1. *Guide pratique aux eaux minérales françaises et étrangères.* Page 3. 5ᵉ édition. Paris.

priée, mais qu'on nous représente toujours comme étant d'une suprême élégance.

Ainsi les baignoires seront d'argent (*solia argentea*), avec des robinets de même métal; il faudra de plus qu'elles soient assez spacieuses pour qu'on puisse y exécuter des mouvements de natation. Un cordon de mosaïques, dont les couleurs, mariées avec art, imiteront la peinture, contournera le plafond. Les murs seront incrustés de marqueteries, taillées par le ciseau, où la pierre de Thasos, ornement jadis rare, même dans les temples, sera prodiguée avec un luxe qui ferait rougir Fabricius. Enfin les parfums les plus exquis seront ajoutés à l'eau des baignoires, les petites gens seules se contentant d'huile de jasmin (*oleum jasminum*), ou de farine de lupin, laquelle correspondait à notre classique sachet de son.

Notre Romaine restera, suivant l'usage, environ une demi-heure au bain. Au sortir de l'eau, on lui jettera sur les épaules une couverture moelleuse appelée *sindon;* puis, après qu'elle aura été soigneusement essuyée, massée et frictionnée, elle se confiera aux soins du pédicure.

Celui-ci, dit Tibulle, « lui coupera les ongles d'une main savante : »

. . . . Quid ungues
Artificis docta subsecuisse manu ?

Et il se servira pour cela d'un petit instrument appelé *forfex*, dont la lame mince et raboteuse rappelait assez nos râpes dites sulfuriques.

Aura-t-il également quelque cor à lui tailler ? Je le crains bien, par suite des précautions que l'on prenait d'habitude pour se faire paraître le pied petit (*pes exiguus*). Il est vrai que la bride (*ansa*) de la chaussure portait plutôt sur le cou-de-pied que sur les orteils : c'est donc une question réservée. Mais ce dont je suis certain, c'est qu'elle se fera épiler.

III

EPILATION.

ETTE petite opération, que les Grecs avaient importée à Rome, après l'avoir eux-mêmes empruntée à l'Orient, se pratiquait, chez les femmes, sur presque toutes les parties du corps, mais notamment sur celles que les vêtements dérobaient le moins aux regards. « C'étaient, dit Martial, la poitrine, les jambes et les bras : »

Quod pectus, quod crura tibi, quod brachia vellis.

C'étaient également les aisselles, la manière dont s'agrafait la robe les cachant incomplètement. « Ainsi, dit Ovide, on doit avoir soin de laisser à découvert l'extrémité de l'épaule et la partie supérieure du bras gauche : »

Pars humeri tamen illa tui, pars summa lacerti
Nuda sit, a læva conspicienda manu.

Bien qu'on eût surtout pour but de faire disparaître par l'épilation ce qui pouvait choquer les yeux, on se proposait encore de diminuer ainsi certaines sécrétions désagréables. De là cette plaisanterie quelque peu hasardée que Catulle adresse à Silva : « Le bruit court que chez toi un bouc affreux habite cette région : »

. . . . Fertur
Valle sub alarum trux habitare caper.

Ovide me paraît s'être souvenu de ce mot quand il disait à une jeune fille pour l'effrayer : « *Trux caper ibit in alas;* » et Horace, à une vieille femme pour se moquer d'elle : « *Cubat hircus in alis.* »

Qui le croirait? Les hommes eux-mêmes n'auraient pas osé se soustraire à ces pratiques efféminées. Passe encore pour ces petits-maîtres qui étaient, sous Auguste, ce que furent plus tard, sous Henri III, les mignons de la cour. Mais comprend-on qu'un philosophe tel que Sénèque, ou du moins tel qu'il aimait à se poser, se soit plaint qu'un de ses amis se négligeât, par cela seul qu'il ne s'épilait plus les aisselles ! « *Hic nec alas quidem vellit*[1]. » Enfin, Cicéron parle de l'épilation des sourcils comme d'une chose tout à fait bienséante.

J'avais donc raison d'affirmer que notre héroïne se confierait aux mains d'une épileuse (*utricula*). Comment celle-ci va-t-elle procéder? Pour les membres et, en général, pour toutes les surfaces un peu larges, elle se contentera de frictions avec la pierre ponce, ou avec une pierre assez analogue qui venait de Catane (*catanensis pumix*). Si les jambes sont par trop velues (*duris aspera crura pilis*), elle aura recours au rasoir (*novacula*). Mais le front et la figure exigeront plus de précautions. Martial

1. Les individus chargés de ce soin s'appelaient *alipili*. Ils faisaient partie de la corporation des barbiers, et s'en montraient dignes par leur sempiternel bavardage. Un jour l'un d'eux demande à un « client » comment il veut être épilé. — En silence *(tacens)*, lui fut-il répondu.

recommande tout spécialement, dans ce cas,
deux pâtes épilatoires qu'il déclare souveraines ;
le psilothrum et le dropax :

Psilothro faciem lævas et dropace frontem.

Seulement il oublie de nous en donner la
recette. Le même poëte nous apprend qu'on se
servait pour les narines de petites pinces qui,
d'après les échantillons que j'ai vus provenant
de Pompéia, étaient absolument semblables aux
nôtres ; on les appelait *volsellæ* :

Purgentque crebræ cana labra volsellæ.

« Surtout, que l'épileuse n'ait garde de laisser
un seul poil dans l'intérieur du nez : »

Inque cava nullus stet tibi nare pilus.

Ovide revient à tout instant sur l'importance
de ce précepte et, franchement, leur présence
donne parfois à la physionomie quelque chose de
tellement disgracieux que je ne saurais blâmer
ceux qui, aujourd'hui encore, s'y conforment.

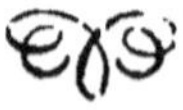

IV

DENTS PLOMBÉES; FAUSSES DENTS.

Jusqu'ici notre Romaine n'a eu recours pour sa toilette qu'à de simples pratiques destinées à faire valoir ses agréments naturels. Hélas! Il nous faut maintenant surprendre certains secrets qui, je le crains bien, détruiront quelque peu nos illusions à son sujet. Ainsi, elle a des dents plombées, et même, ce qui est beaucoup plus grave, elle en a de fausses!

. . . . Dentibus utitur emptis!

Martial, cet enfant terrible des poëtes de son temps, ne va pas seulement nous apprendre les ressources qu'offrait la science du dentiste ; il va de plus nous en dévoiler les secrets.

C'est d'abord un certain Cascellius qui se faisait fort d'arracher ou de conserver les dents malades, au choix des intéressés :

Eximit aut reficit dentem Cascellius ægrum.

Ne croirait-on pas lire une annonce de la quatrième page de nos journaux ? C'est que l'avulsion d'une dent a toujours eu le privilége d'effrayer même les plus braves.

Ce Cascellius était passé maître également dans l'art de les plomber, je me trompe, de les aurifier, car on connaissait déjà ce perfectionnement soi-disant moderne : *auro incluso reficit.* Ne soyez pas surpris qu'on ait ainsi cherché de tout temps un remède à la carie dentaire. Ce grand fléau de l'humanité affligeait notre espèce, même avant le déluge[1].

---

1. Ainsi l'homme fossile dont M. Boucher de Perthes vient de découvrir la mâchoire inférieure à Abbeville, dans un banc de diluvium, est porteur encore d'une dent creusée par la carie ; c'est la quatrième molaire droite. Sans doute rien n'indique que cette dent ait été plombée ou aurifiée ; mais qui sait les surprises de ce genre que des fouilles ultérieures pourront nous ménager ?

D'autres avaient pour spécialité la pose des fausses dents. Ils employaient divers mastics qu'ils savaient composer avec beaucoup d'art et dont chacun se vantait d'avoir la meilleure recette. Quelquefois ils se servaient tout simplement d'os ou d'ivoire (*dents osanores*) :

Emptis ossibus indicoque cornu.

Quant au mode opératoire, on se contentait d'habitude de fixer les dents à l'aide de crochets d'or ; méthode qui remonte aux époques les plus reculées, puisque l'article X de la loi des Douze Tables (450 ans avant Jésus-Christ), qui défendait sous des peines sévères d'ensevelir les morts avec de l'or, avait fait une exception formelle en faveur de ceux dont ce métal servait à lier les dents : *auro dentes vincti.*

Quelquefois on fabriquait des râteliers qui pouvaient être ôtés ou remis à volonté. C'est à un appareil de ce genre que Martial fait allusion, quand il reproche si cruellement à la pauvre Galla de « quitter le soir ses dents avec autant de facilité que sa robe : »

Nec dentes aliter quam serica nocte reponit.

Mais il nous importe peu de savoir quel genre de pièce artificielle était adapté aux gencives de notre héroïne. Disons seulement que c'était chose prudente d'éviter à cet égard une trop grande perfection, sans quoi l'impitoyable satirique ne se faisait pas faute de vous décocher un compliment tel que celui-ci : « Thaïs a des dents noires, Luconie des dents d'un blanc de neige. Pourquoi cette différence? L'une en a de fausses, l'autre en a de vraies : »

Thaïs habet nigros, niveos Luconia dentes.
Quæ ratio est? Emptos hæc habet, illa suos.

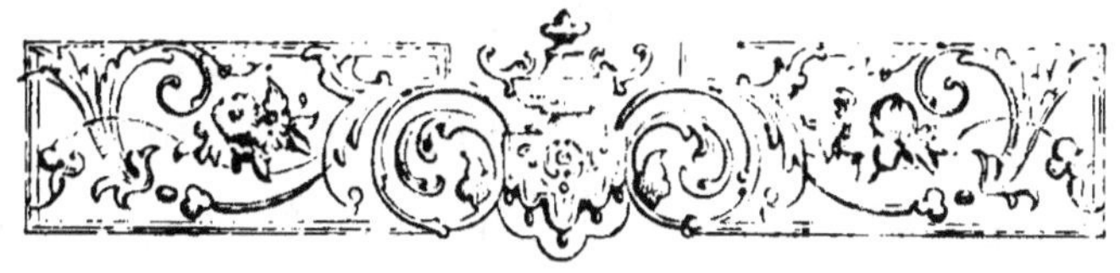

V

PHILOCOMES.

C E que nous venons de dire du degré de perfection qu'avait atteint la prothèse dentaire peut s'appliquer également au talent et à l'esprit inventif des coiffeurs. Sous ce rapport, les dames romaines pouvaient amplement satisfaire leurs moindres fantaisies, et elles se gardaient d'y manquer.

Les préparations « philocomes, » comme on dirait aujourd'hui, étaient nombreuses et variées. Certain mélange d'essences et d'huile (*oleum flagrans*), que nos parfumeurs affirment n'être autre que leur « huile antique, » paraît avoir fait la base des premières pommades. Mais n'a-t-on pas voulu inférer de je ne sais quel passage d'Hésiode, que Junon n'en employait pas d'autre? Je la soupçonnerais alors d'en avoir un peu abusé, « le jour où sa splendide chevelure embaumait tout l'Olympe : »

> Ambrosiæque comæ divinum vertice odorem
> Spiravere. . . .

Ce qui est beaucoup plus positif, c'est que Cléopâtre avait imaginé une recette dans laquelle il entrait surtout de la graisse d'ours (*ursinus adeps*), recette dont Galien parle avec grand éloge. Quel malheur qu'elle ait été perdue ! Pline nous en a bien laissé un grand nombre d'autres; mais, leur efficacité fût-elle prouvée, ce dont je doute très-fort, il faudrait réellement plus que du courage pour y avoir recours[1].

On se préoccupait d'autant plus à Rome du mode d'entretien et de conservation de la cheve-

---

1. Je citerai la suivante comme échantillon : « Prenez des têtes de rat, du fiel et de la fiente du même animal, de l'ellébore et du poivre, puis mêlez le tout. » (*Capita murium et fel murium et fimum cum elleboro et pipere illini jube.*)

lure, que sa perte était en quelque sorte taxée d'ignominie. « Honteux, dit Ovide, est le troupeau mutilé; honteux le champ sans verdure, la futaie sans feuillage, *la tête sans cheveu :* »

> Turpe pecus mutilum, turpis sine gramine campus,
> Et sine fronte futex, et *sine crine caput.*

Semblables idées sont tellement opposées aux nôtres qu'on ne sait réellement comment pouvoir s'en rendre compte. Et cependant il fallait bien que ce fût là un sentiment très-général, puisque César, chaque fois qu'il devait paraître en public, cherchait à dissimuler sa calvitie sous une couronne de feuillage, et que Domitien, dont le crâne n'était guère mieux garni, punissait comme sienne toute injure adressée à un chauve. Peut-être faut-il en chercher l'explication dans ce lien si bizarrement symbolique qu'on supposait unir l'âme à la matière par l'entremise de la chevelure [1]. Lorsque, dans l'*Énéide*, le poëte

1. L'absence de cheveux jouait également un certain rôle dans la mythologie païenne, mais sous forme d'allégorie. Ainsi l'Occasion, cette déesse qui ne s'arrêtait jamais, était représentée chauve par derrière, pour faire comprendre qu'une fois passée, on ne pouvait plus la retenir.

déplore la mort prématurée de Didon, il fait remarquer que « Proserpine ne lui ayant pas encore enlevé l'un de ses blonds cheveux, ne l'avait pas vouée aux dieux infernaux : »

Nondum illi flavum Proserpina vertice crinem
Abstulerat, stygioque caput damnaverat Orco.

Aussi, plus tard, nous montre-t-il Iris coupant le cheveu fatal, « afin, dit-elle, d'aller porter à Pluton ce tribut sacré et de la délivrer ainsi des liens du corps : »

. . . . Hunc ego Diti
Sacrum jussa fero, teque isto corpore solvo.

Y aurait-il quelque réminiscence de ces vieilles superstitions dans l'usage où sont les musulmans de conserver précieusement sur le sommet de leur tête rasée, une mèche que Mahomet doit saisir pour les mener, sans encombre, au paradis que rêve leur sensualité?

Mais il me semble que nous voilà bien loin de notre héroïne. Hâtons-nous donc de rentrer à Rome et, cette fois, pour n'en plus ressortir.

Ce que nous venons de dire de l'importance

attachée au maintien de la chevelure, explique le soin que chacun apportait au choix d'une pommade. Malheureusement rien n'était plus difficile que de s'en procurer de bonne. Horace se plaint à Canidie que « celle qu'elle lui a donnée lui a fait blanchir les cheveux : »

Tuis capillus albus est odoribus.

Même mésaventure était arrivée à Properce, qui n'y trouvait d'autre remède que de se les arracher :

Tollere tum cura est albos a stirpe capillos.

Notre héroïne n'en est heureusement pas là. D'ailleurs il lui resterait toujours une ressource moins extrême, celle de les teindre.

VI

CHEVEUX TEINTS.

Les Romains semblent avoir emprunté la coutume de se teindre les cheveux aux habitants de la Grande-Bretagne, que César désigne souvent par l'épithète de *picti* (peints) et qui, alors comme aujourd'hui, comptaient parmi eux beaucoup de roux. « Insensée ! s'écrie Properce s'adressant à Cynthie, tu t'amuses à imiter les Bretons sordides en donnant à ta chevelure un éclat d'emprunt : »

> Nunc etiam infectos demens imitare Britannos
> Ludis et externo tincta nitore caput.

C'est un art, du reste, dans lequel les « artistes

de Rome » semblent avoir excellé. Ils employaient à cet usage un grand nombre de substances. « L'écorce verte de la noix servait, dit Tibulle, à dissimuler bien des années : »

> . . . . Coma tum mutatur ut annos
>   Dissimulet, viridi cortice tincta nucis.

Ovide paraît accorder plus de confiance à certaines recettes venues d'Allemagne. « La femme, dit-il, teint ses cheveux blancs avec le suc des herbes de la Germanie; l'art leur donne ainsi une couleur plus recherchée que la couleur naturelle : »

> Femina canitiem Germanis inficit herbis,
>   Et melior vero quæritur arte color.

Les miracles qu'on opérait de la sorte étaient quelquefois instantanés. « Telle femme, s'écrie Martial, devient subitement corbeau, qui tout à l'heure était cygne : »

> Tum subito corvus quæ modo cycnus erat.

Bien que la couleur la plus usitée fût le noir, certaines femmes se plaisaient à donner à leur chevelure des nuances de fantaisie, sauf toutefois le jaune et le bleu, ces couleurs ayant la même signification que la *ceinture dorée* au moyen âge. Properce y fait allusion quand il dit à Cynthie : « De ce que certaine femme se teint les cheveux en bleu, s'ensuit-il que ce soit une couleur honnête? »

> An si cæruleo quædam sua tempora fuco
> Tinxerit, idcirco cærula forma bona est?

Ces teintures avaient malheureusement, comme les nôtres, l'inconvénient de salir la tête. Aussi le même poëte dit-il tout crûment à un vieillard qui veut faire le jeune avec ses cheveux teints, « que ce n'est pas un perruquier qu'il lui faut, mais une éponge : »

> Tonsorem capiti non est adhibere necessum ;
> Radere te melius spongia, Phœbe, potest.

Un autre inconvénient bien autrement grave de ces teintures, c'est qu'elles brûlaient les cheveux et les faisaient tomber. Voyez plutôt dans quels termes Ovide gourmande une jeune fille qui, malgré ses avis, a voulu changer la couleur naturelle (*verus color*) de sa magnifique chevelure : « Je te le disais bien, cesse de droguer

ainsi tes cheveux ; tu as si bien fait qu'il ne t'en
reste plus un seul à teindre : »

Dicebam : Desiste tuos medicare capillos ;
  Tingere quam possis jam tibi nulla coma est.

« Cependant ils n'offraient ni la nuance de
l'ébène ni celle de l'or : leur couleur était un
heureux mélange de toutes les deux : »

Nec tamen ater erat, neque erat tamen aureus illis ;
  Sed, quamvis neuter, mixtus uterque color.

« Vainement je m'écriais : « C'est un crime,
« oui, c'est un crime de brûler des cheveux si
« beaux : »

Clamabam : Scelus est, istos scelus urere crines.

« Ne t'en prends donc qu'à toi (*non alter no-
cuit*); c'est toi-même qui appliquais sur ta tête
ces mixtures empoisonnées : »

Ipsa dabas capiti mixta venena tuo.

Tout cela, sans doute, est profondément
triste. Et encore là malheureuse aurait-elle pu
payer plus cher sa coquetterie, car on a vu survenir de la sorte de graves accidents et même

la mort. Pline en cite des exemples, empruntés surtout à l'action des teintures blondes.

Ovide avait donc cent fois raison. Où je l'approuve moins, c'est de l'avoir plaisantée sur sa déconfiture. Comment ose-t-il lui dire? « Elle a le courage de contempler sur ses genoux les cheveux qu'elle a perdus; trésor digne, hélas! d'une meilleure place : »

> Sustinet antiquos gremio spectare capillos ;
> Hei mihi! non illo munera digna loco.

Heureusement sa nature compatissante reprenait bientôt le dessus, et il passait facilement des reproches ou des sarcasmes aux consolations. Aussi se hâte-t-il d'ajouter : « La perte est réparable (*reparabile damnum est*) ; tu verras repousser de nouveaux cheveux (*nativa conspiciere coma*); d'ailleurs les esclaves de la Germanie t'enverront leurs chevelures; une nation soumise se chargera de ta parure : »

> Nunc tibi captivos mittet Germania crines ;
> Culta triumphatæ munere gentis eris.

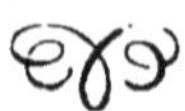

VII

FAUX CHEVEUX, PERRUQUES.

CE dernier moyen était certainement le plus sûr : seulement, il fallait se défier des plaisanteries de Martial. « Lélia, s'écrie-t-il, comment n'as-tu pas honte de te servir de fausses dents et de faux cheveux ? »

Dentibus atque comis, non te pudet, uteris emptis?

« Quant à Fabulla, elle jure que les cheveux qu'elle a achetés sont bien à elle. Fait-elle donc un mensonge ? Nullement : »

Jurat capillos esse, quod emit, suos
Fabulla ; numquid, Paule, pejerat ? Nego.

Vainement encore le même poëte dira à un certain Cæcilius, « qu'il n'y a rien de pire qu'un chauve qui veut paraître chevelu : »

. . . . . Calvo turpius est nil comato.

La mode sera toujours plus forte que tous les raisonnements et que toutes les épigrammes.

Portait-on perruque dans l'ancienne Rome ? Grave question qui doit être résolue par l'affirmative. Ainsi Domitien est représenté sur ses médailles avec une perruque rappelant assez, par ses enjolivements et son ampleur, notre ancienne « perruque à marteaux; » il en est de même d'Othon et de Galba.

Il paraît toutefois que les premières dont on fit usage furent par trop rudimentaires. Elles consistaient en une simple peau de bouc (*hædina pellis*), dont les hommes se couvraient le chef, ce qui faisait dire à un plaisant « qu'il avait la tête bien chaussée (*caput bene calceatum*). » Il y a loin de ces ajustements burlesques à nos toupets invisibles, et surtout aux majestueux édifices du temps de Louis XIV.

Les femmes, fort heureusement, se montrèrent plus difficiles ; on peut même dire qu'elles avaient devancé l'époque du grand roi. Juvénal parle « d'édifices, de véritables tours dont elles se surchargeaient la tête : »

Tot premit ordinibus, tot adhuc compagibus orbes
Ædificat caput.

L'art, ajoute-t-il, faisait sans cesse mentir la nature (*naturam mentiri*) : malheureusement plus d'une fois aussi il fit gémir la morale. Messaline, dans ses équipées nocturnes au quartier de Suburre, où l'accompagne le vers sanglant du même poëte, « dissimule ses noirs cheveux sous une perruque jaune : »

. . . . . Nigrum flavo crinem ascendente galero.

Pourquoi jaune? C'est que, nous l'avons fait entendre il n'y a qu'un instant, cette couleur étant, avec la bleue, celle des courtisanes, complétait à merveille son déguisement.

Les perruques donnèrent assez souvent lieu à de burlesques mésaventures. Une des plus plaisantes est celle que Slavius Avianus raconte d'un grand personnage de Rome : « Le souffle malencontreux de Borée livre aux regards du public sa tête ridicule, car, enlevant tout à coup sa perruque, il fait reluire son front nu : »

Hujus ab adverso Boreæ spiramina perflant
Ridiculum, populo conspiciente, caput;
Nam mox dejecto nituit frons nuda galero.

Telle dut être également la confusion de cette coquette, dont Ovide avait pris jusqu'alors la chevelure au sérieux, lorsqu'un jour il entra chez elle à l'improviste :

Dans son trouble elle mit sa perruque à l'envers :
Turbida perversas induit illa comas.

« Ce sont là, dit-il, de ces affronts qu'on ne peut souhaiter qu'à ses plus cruels ennemis : »

Hostibus eveniat tam fœdi causa pudoris.

Pourquoi aussi, l'imprudente, ne s'était-elle pas souvenue de cet aphorisme du même poëte ? « Toute femme qui a peu de cheveux doit fermer sa porte au verrou : »

Quæ male crinita est custodem in limine ponat.

« Celles-là, seules, ajoute-t-il, qui en ont

beaucoup, peuvent se permettre de recevoir quand on les peigne, afin qu'on en voie les boucles ruisseler flottantes sur leurs épaules : »

> At non pectandos coram præbere capillos,
>   Ut jaceant fusi per tua terga, vetam.

Rappelons, à ce sujet, que les dames romaines étant affligées d'une maladie épidémique qui faisait tomber leurs cheveux, implorèrent la protection de Vénus, et que, le fléau ayant cessé, elles élevèrent une statue où la déesse était représentée dans l'attitude d'une femme qui se peigne.

VIII

COIFFURE.

NOTRE heroïne fût-elle assez privilégiée pour n'avoir besoin ni de ces teintures ni de ces renforts, resterait encore le chapitre de la coiffure, ce qui n'était pas une petite affaire. Ainsi, en plus de la femme de chambre (*fusca*), il fallait, dit Tibulle, au moins trois esclaves : l'une pour peigner et boucler les cheveux ; l'autre pour les parfumer ; « la troisième pour les ajuster à la dernière mode : »

Tertia mutatas disposuisse comas.

La dernière mode ! C'est facile à dire ; mais

y en a-t-il jamais une dernière, puisque « chaque jour en voit éclore de nouvelles ? »

Adjicit ornatus proxima quæque dies.

Vouloir seulement les énumérer serait, dit Ovide, chose aussi impossible que de « compter les glands d'un vaste chêne, les abeilles de l'Hybla ou les bêtes féroces qui peuplent les Alpes : »

Sed neque ramosa numerabis in ilice glandes,
  Nec quot apes Hyblæ, nec quot in Alpe feræ.

Cependant il va nous en indiquer les principales, en ayant soin d'y joindre quelques remarques qui prouvent combien il avait fait une étude approfondie de la matière :

« Un visage allongé demande des cheveux séparés sur le front : »

Longa probat facies capitis discrimina puri.

« Un nœud léger sur la partie supérieure de la tête, en laissant les oreilles à découvert, sied mieux aux figures arrondies : »

Exiguum summa nodum sibi fronte relinqui,
  Ut pateant aures, ora rotunda volunt.

« Celle-ci fera flotter ses cheveux sur l'une et l'autre épaule : »

Alterius crines humero jactentur utroque.

« Cette autre doit en relever les tresses à la manière de Diane : »

Altera succinctæ religatur more Dianæ.

« L'une charme par les boucles de sa chevelure ondoyante : »

Huic decet inflatos laxe jacuisse capillos.

« L'autre.... » Mais nous n'en finirions pas si nous voulions suivre Ovide jusqu'au bout, car c'est tout un traité qu'il a composé. De ces diverses modes, la plus gracieuse, au jugement de Juvénal, est celle qui consiste à rassembler les cheveux et à les emprisonner dans une blonde résille :

Reticulumque comis auratum ingentibus implet.

Nous noterons en passant que c'est là précisément la manière aujourd'hui de se coiffer de la plupart de nos jeunes femmes.

Les peignes dont on se servait d'habitude étaient de buis. « Que fera, dit Martial, sur ta tête, où il ne saurait rencontrer un seul cheveu, ce peigne de buis aux dents multiples dont on t'a fait cadeau ? »

> Quid faciet, nullos hic inventura capillos,
>   Multifido buxus quæ tibi dente datur?

Dans Ovide, la veuve du Flamine se plaint de ce que ses « cheveux rasés lui rendent désormais inutiles les peignes de buis : »

> Non mihi detonsum crinem depectere buxo
>   Heu ! licet. . . .

Claudien parle également de peignes d'ivoire. « Cette jeune fille, dit-il, laboure sa chevelure en tous sens par la morsure de l'ivoire aux nombreuses dents : »

> Hæc virgo morsu numerosi dentis eburno
>   Multimodum discrimen arat. . . . .

Mais ce n'était pas le tout de savoir peigner et disposer ses cheveux avec art, il fallait de plus les maintenir en place. Martial en indique le moyen ; « c'était de les fixer avec des épingles, lesquelles avaient de plus l'avantage de les empêcher de salir les étoffes : »

> Tenuia ne madidi violent bombycina crines,
>   Figat acus tortas sustineatque crines.

Ces épingles, par leur agencement et leur forme, rappelaient tout à fait les nôtres. Les plus simples étaient de bois (*lignea*); les plus riches étaient d'or (*aurea*)[1]. C'est avec une épingle d'or qu'elle retira de sa chevelure que Fulvie, insultant au cadavre de Cicéron, perça la langue de l'illustre orateur, pour se venger des affronts qu'elle lui avait fait subir.

A côté de ces outrages, qui ne constituaient du moins qu'un fait accidentel, il y avait le supplice de chaque jour infligé à l'esclave infortunée qui, coiffant sa maîtresse, commettait la moindre maladresse.

Martial va nous donner, à ce propos, un petit échantillon du caractère des dames romaines, qui prouve que, quand elles s'y mettaient — et

---

1. Leur usage se perd dans la nuit des temps. Judith, se préparant à aller immoler Holopherne au salut d'Israël, « relève sa splendide chevelure avec une épingle d'or. »

elles s'y mettaient souvent — elles n'y allaient pas de main morte. Voyez ce qu'il dit de l'une d'elles : « Une seule boucle de ses cheveux, mal fixée par une épingle, ne se trouvait pas à sa place ; Lalage s'en venge à l'aide du miroir[1] révélateur du crime, et la pauvre Plécussa tombe sous ses coups, les cheveux arrachés : »

> Unus de toto peccaverat orbe comarum
>   Annulus, incerta non bene fixus acu ;
> Hoc facinus Lalage speculo quod viderat ulta est,
>   Et cecidit sectis icta Plecussa comis.

Juvénal raconte le même fait, presque dans les mêmes termes, à propos de la malheureuse Psécas : « Pourquoi cette boucle placée si haut ? Aussitôt un nerf de bœuf fait justice de ce forfait, de cet attentat commis sur un cheveu : »

> Altior hic quare cincinnus ? Taurea punit
> Continuo flexi crimen facinusque capilli.

Enfin Properce assure qu'après avoir ainsi

1. Les Romaines, en plus de ces miroirs à la main, connaissaient les miroirs de poche. « Pourquoi, demande Ovide à l'une d'elles, accompagnes-tu tes troupeaux avec ton *miroir* jusqu'au sommet des montagnes ? »

Quid tibi cum *speculo* montana armenta petenti?

battu ces pauvres créatures, « on allait quelquefois jusqu'à les suspendre par les cheveux : »

Cæditur et Lalage tortis suspensa capillis.

Telles étaient trop souvent ces fameuses matrones vues, c'est là le cas de le dire, en déshabillé. Il est vrai que, sa colère passée, la charmante petite dame se rasseyait le plus tranquillement du monde et « reprenait la lecture de son journal de mode : »

. . . . . Longi relegit transversa diurni.

Disons-le toutefois, il y avait quelques exceptions, et je présume que notre héroïne était du nombre. J'affirmerais même qu'elle méritait qu'on lui appliquât ce compliment d'Ovide à la jeune Napé : « Sa coiffeuse peut être tranquille ; elle n'est pas femme à lui déchirer la figure avec les ongles ni à lui enfoncer des aiguilles dans les bras : »

Tuta sit ornatrix ; non est quæ sauciet ora
Unguibus, et rapta brachia ligat acu.

IX

FARDS.

Notre héroïne est-elle une de ces natures mélancoliques et rêveuses qui ne s'adressent qu'aux cœurs sensibles, et qui, pour les charmer, aiment à laisser croire qu'elles ont beaucoup souffert? Dans ce cas, elle étendra sur ses joues une légère couche de craie ou de céruse (*pulvis cretæ seu cerussæ*), afin de leur communiquer une pâleur intéressante[1].

1. D'après Martial, « la craie dont se sert Fabulla craint la pluie ; la céruse dont se sert Sabella craint le soleil : »

> Quum crassata timet Fabulla nimbum ;
> Cerussata timet Sabella solem.

Pour saisir ces nuances, il faudrait être mieux renseigné que nous ne le sommes sur la composition de ces fards.

« Ou bien elle se contentera d'une pâte de fèves grasses, dont elle se fera trois ou quatre applications : »

Aut tegitur pingui terque quaterque faba.

Ovide l'a dit et répété plus d'une fois : « Toute femme qui aime doit être pâle ; c'est la seule couleur qui lui convienne : »

Palleat omnis amans ; hic est color aptus amanti.

« Il faut qu'en la voyant chacun soit tenté de s'écrier : « Elle aime ! »

Hanc ut qui videat, dicere possit : « AMAT ! »

Notre Romaine ne négligera pas non plus le conseil d'Horace, qui recommande de « boire une infusion de cumin : »

. . . . . Bibens exsangue cuminum,

cette substance ayant la propriété, fort contestable d'ailleurs, de décolorer les traits. Aujourd'hui on préfère généralement le vinaigre, ce qui est beaucoup moins hygiénique.

Enfin, soyez sûr qu'eût-elle la peau « plus noire qu'une mûre qui se détache de l'arbre

(*nigrior cadente moro*), » elle mettra tout en œuvre pour qu'on puisse dire d'elle, avec Ovide :

Son teint a la blancheur du marbre le plus beau :
Forma novi talis marmoris esse solet.

Mais peut-être préférera-t-elle pour son visage des tons plus animés, plus chauds, et alors
elle saura, par des couleurs habilement nuan-
cées, en rehausser l'incarnat. Les dames romaines avaient une véritable passion pour ce
genre de coquetterie, dont Ovide a dit avec tant
de grâce : « Le léger vermillon que le sang a re-
fusé, c'est l'art qui le donne : »

Sanguine quæ vero non rubet, arte rubet.

Sans doute Tibulle est dans le vrai quand il
s'écrie : « A quoi bon enluminer ses joues d'un
fard étincelant? »

Quid fuco splendente genas ornasse ?...

Mais, par contre, on peut demander quel
peuple civilisé ou sauvage n'a pas eu cette fai-
blesse. Les beaux vers de Racine nous l'ont révélée chez la reine Jézabel, et les rapports de

l'amiral Dupetit-Thouars nous ont appris que la reine Pomaré n'en était point exempte. D'ailleurs, sans parler du tatouage[1], qui n'est qu'une sorte de peinture incrustée, n'avons-nous pas vu, il y a quelques années, à Paris, ces affreux Iowais, qui regardent comme de suprême bon ton de se barbouiller la figure et le corps avec un enduit rougeâtre?

A Rome, raconte Horace, on employait trois principales espèces de fard : le minium, le carmin, et « une substance extraite de certain *résidu* du crocodile : »

> . . . . Colorque
> *Stercore* fucatus crocodili.

Ces fards ne servaient pas seulement à donner à la peau une teinte plus avantageuse; on les employait aussi pour « masquer sous une légère couche les traces trop véridiques de l'âge : »

> Parvaque sinceras velat aluta genas.

---

1. Le tatouage, qui se réduit aujourd'hui à parer de cœurs enflammés les bras de nos soldats et de nos marins, fut autrefois au contraire d'un usage universel. Tacite raconte que les anciens Germains se teignaient tout le corps en rouge, « pour rendre leur aspect plus terrible à l'ennemi et lui dissimuler le sang qui coulait de leurs blessures. »

Quelle excellente occasion de plaisanterie pour les poëtes ! Martial surtout se montre impitoyable envers ces pauvres femmes. A l'une il dit : « Tu dors sans ton visage (*non tecum facies dormit tua*) ; » à une autre : « Tu as une belle carnation, mais non une belle peau (*egregiam carnem non pellem habes*); » à une autre enfin : « Prends garde que l'édile ne t'entende ou ne te voie; un portrait qui parle, c'est un prodige : »

Audiat ædilis ne te videatque caveto;
   Portentum est quoties cœpit imago loqui.

Il y joint ce petit avertissement dont beaucoup de gens pourraient faire leur profit : « Une imperfection que l'on cache paraît plus grande qu'elle ne l'est réellement : »

   Quod tegitur majus creditur esse malum.

Juvénal, comme toujours, est beaucoup plus brutal : « Cette face empâtée, dit-il, que recouvrent tant de drogues (*tot medicamina*), et où s'agglutinent les lèvres des infortunés maris (*miseri viscantur labra mariti*), est-ce un visage ou une plaie (*facies dicetur an ulcus*)? »

X

APPRET DES YEUX; MOUCHES; POUDRE.

Les dames romaines empruntèrent aux Asiatiques l'usage de l'antimoine (*stibium*) pour se teindre les paupières, les cils et les sourcils. Du reste, cette pratique semble remonter aux premiers âges du monde; Isaïe en parle et Jérémie reproche, ainsi qu'Ézéchiel, aux filles de Juda « de se farder d'antimoine pour plaire aux étrangers. »

A l'antimoine, on fit succéder la mine de plomb (*hyperchlorure de fer*), qui, elle-même, dut faire place à d'autres substances.

Ovide, qui a écrit tout un livre sur les *Medi-*

camina faciei, donne, à propos de l'apprêt des yeux, les instructions suivantes : « Il faut en noircir légèrement le pourtour; insuffler entre les paupières une poudre fine, afin de les faire paraître plus grands et plus brillants; teindre les cils avec la sepia, puis allonger, en l'accusant davantage, l'arc des sourcils. »

Du temps de Juvénal, cette dernière opération se faisait avec une aiguille noircie à la fumée :

Illa supercilium madida fuligine tinctum
Obliqua producit acu.

C'est encore aujourd'hui le procédé le plus fréquemment employé et le plus expéditif.

Pline préfère « les œufs de fourmis brûlés et broyés (*ova formicarum usta et trita*). » Mais qu'importe la substance pour Martial! Il y trouvera toujours quelque motif à épigramme. « Pourquoi, dit-il à Sabella, t'avises-tu de m'agacer avec le sourcil que tu t'es fabriqué toi-même ce matin? »

. . . . Cur innuis illo
Quod tibi prolatum est mane supercilio? .

Peut-être s'agissait-il ici, non pas de sourcils

peints, mais de sourcils faux, dans le genre de ceux qu'au dire de Pétrone, une suivante de Tryphène appliquait à la jeune Giton, après l'avoir affublée d'une perruque.

— L'usage des mouches, qui a fait fureur à la fin du siècle dernier, était-il connu à Rome? La chose ne me paraît pas douteuse. C'étaient de petits emplâtres, noirs et arrondis, nommés *splenia*, qu'on appliquait comme une sorte de semis sur la peau. Martial les désigne très-clairement, quand il dit : « Des *mouches* nombreuses constellent son front superbe : »

Et numerosa linunt stellantem *splenia* frontem.

Quelquefois, au lieu d'emplâtres, on figurait de petits ronds noirs avec un pinceau. Aujourd'hui encore, les Tunisiennes se font peindre sur les joues, avec la décoction de noix de galle ou de safran, de toutes petites feuilles d'arbre, légèrement dentelées, qui donnent à leur physionomie quelque chose de très-piquant et de tout à fait original.

— Enfin les dames romaines se poudraient-elles les cheveux? On cite, comme preuve, les reproches que Caton leur adresse de ce qu'elles se rendent la tête rutilante à l'aide d'un mélange pulvérulent (*pulverulenta mixtura*); mais il me semble qu'il s'agit bien plutôt ici de teintures que de poudre, dans l'acception que nous donnons à ce dernier mot. Ce qui me le ferait surtout penser, c'est le prix extrême que les anciens attachaient à l'éclat et à la netteté de la chevelure, la souiller par la cendre ou la poussière étant pour eux le grand signe de deuil, et comme la suprême manifestation de ce détachement de toutes choses qui constitue le désespoir. Tel Homère nous représente Priam apprenant la mort de son fils Hector : telle Euripide nous représente Électre s'apprêtant à venger le meurtre de son père Agamemnon. Disons toutefois que les femmes juives faisaient réellement usage de poudre à poudrer. Josèphe nous apprend même qu'elles préféraient la poudre d'or, laquelle poudre, par parenthèse, semble être aujourd'hui à la veille de redevenir de mode.

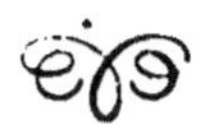

XI

CORSETS; COUSSINS ORTHOPÉDIQUES.

N se figure généralement que la manie de se serrer la taille, afin de la réduire à sa plus simple expression, est d'invention moderne. Erreur. On en faisait tout autant à Rome, en vue du même résultat, le compliment le plus flatteur que l'on pût adresser à une femme étant celui-ci : « *Es juncea* (vous êtes élancée comme un jonc). » Nous disons aujourd'hui : « Une taille de guêpe. » C'est la même idée; la comparaison est-elle plus flatteuse?

L'instrument de supplice était, comme actuellement, le corset. Pétrone en parle dans son

Satyricon. Térence le désigne de même très-clairement dans le second acte de *l'Eunuque,* quand
il fait la critique de « ces mères qui abaissent
les épaules de leurs filles et leur compriment la
poitrine afin de les rendre plus minces : »

Quæ matres student demissis humeris esse,
Vincto pectore, ut graciles fiant.

Il ajoute : « Ont-elles un peu trop d'embon-
point (*si qua est habitior paulo*), dans la crainte
qu'elles ne ressemblent à un athlète (*ne pugilem
esse aiant*), on leur diminue la nourriture (*dedu-
cunt cibum*). » Et il termine par ce trait si plaisant : « Voilà de quelle manière on les aime
(*itaque ergo amantur*)! » Il n'est peut-être pas
inutile de rappeler que ce qu'on pourrait prendre ici pour de l'histoire moderne, s'écrivait
il y a quelque chose comme vingt siècles.

Notre héroïne va donc bien positivement se
mettre un corset.

Mais ce n'est pas tout. Elle aura recours
encore à certain complément orthopédique, car,
prononçons le mot bien bas, sa taille est un
peu déviée. Cette déviation, « elle la dissimule

à l'aide de légers coussins qui rétablissent le niveau des omoplates [1] : »

Conveniunt tenues scapulis analectides altis.

Et elle a grandement raison, dit Ovide; seulement qu'elle ait soin que personne ne puisse s'en douter (*ars sit dissimulata*). Il fait d'ailleurs la remarque fort juste qu'il doit en être de même pour tout ce qui touche à la toilette d'une femme. « Que de choses nous choqueraient, s'écrie-t-il, si nous les voyions faire, et qui nous plaisent une fois faites ! »

Multaque dum fiunt turpia, facta placent !

1. Les hommes avaient recours, quand il le fallait, à des procédés analogues. Capitolin raconte d'Antonin le Pieux, « qu'il se garnissait la poitrine de petites planchettes de bois, afin de pouvoir marcher droit. » (*Fasciabatur ligneis tabulis in pectore positis, ut rectus incederet.*)

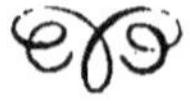

XII

ROBES.

C'était, avec la coiffure, le morceau capital de la toilette. Les robes étaient renfermées dans de grands buffets d'ébène ou de bois de senteur, très-richement sculptés. « Pour enlever, dit Martial, la poussière qui aura pu les salir, battez-les légèrement avec la queue soyeuse d'un animal : »

Sordida si flavo fuerit tibi pulvere vestis,
   Colligat hanc tenui verbere cauda levis.

De quelle couleur sera la robe que notre héroïne va mettre ? Elle n'a, on peut le dire, que l'embarras du choix, tant sont nombreuses les teintures que reçoit la soie[1] ou la laine. Ce choix du reste ne saurait être indifférent, « car tout ne convient pas également à toutes : »

Nam non conveniens omnibus omnis erit.

Pour les robes du matin, Ovide conseille le vert de mer, « qui rappelle la couleur des eaux d'où il a tiré son nom : »

Hic undas imitatus, habet quoque nomen ab undis.

Ou le bleu azuré, « qui ressemble au ciel pur que ne couvre aucun nuage : »

Aeris ecce color, tunc quum sine nubibus aer.

C'est pour les jours d'apparat ou de fête qu'il veut qu'on réserve « les tissus deux fois trempés dans la pourpre de Tyr : »

Tunc quæ bis Tyrio murice lana rubet.

Ovide consacre également à la coupe de la

---

1. La soie la plus estimée était fournie par le bombyx d'Assyrie. Pline nous apprend que, pour l'obtenir, « on ramollissait les cocons dans l'eau pure, puis on les dévidait sur un fuseau de jonc. » (*Nidos humore lentescunt, mox in fila tenuantur junceo fuso.*) C'est encore ainsi qu'on procède, de nos jours, dans la plupart des contrées de l'Asie.

robe tout un chapitre, dont j'extrais au hasard ces quelques passages :

Une femme un peu petite doit choisir la *Stole*, qui avantage la taille « en ce qu'elle tombe jusqu'aux talons : »

. . . . Talos tegit instita vestis.

Une femme un peu grande préférera l'*Impluviale*, espèce de toge, de forme carrée, qui a une certaine majesté.

Enfin, si notre Romaine est svelte ⌊et élégante, ce qui lui siéra parfaitement ce sera la *Plumetie*, tunique à ramages qui, son nom l'indique, a la légèreté de la plume. Elle hésitera d'autant moins que sa jambe sera mieux faite, « cette robe permettant très-bien de l'apercevoir : »

Contingunt oculis crura videnda tuis.

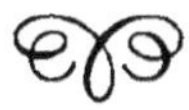

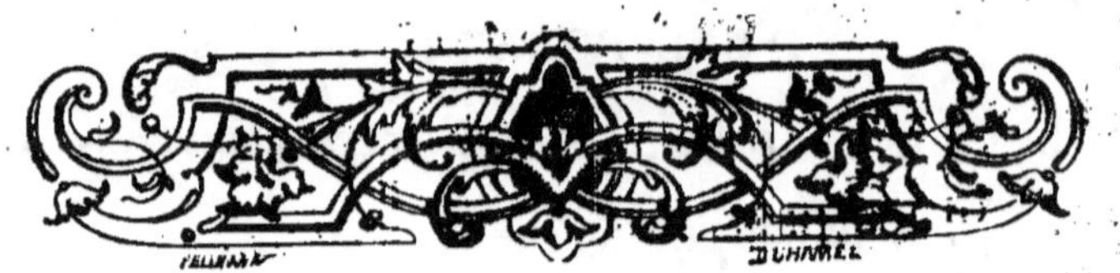

XIII

CHAUSSURE.

ous venons de parler de jambes bien faites. Elles étaient aussi prisées à Rome qu'à Paris. C'est pour celles-là qu'Ovide réclame « le cothurne aux gracieux enlacements : »

. . . . Vinclis crura resolve suis.

« Quant aux jambes plus ou moins mal tournées, il n'admet que le soulier de peau blanche qui les cachait entièrement : »

Pes malus in nivea semper celetur aluta.

« Ce n'est pas une raison, toutefois, pour

vous négliger au point de laisser le pied nager dans une chaussure trop large : »

Nec vagus in laxa pes tibi pelle natet.

« De même que vous devrez éviter d'en serrer la bride jusqu'à l'étrangler : »

Ansaque compressos colligit arcta pedes.

Une petite ruse, fort commune autrefois comme elle l'est aujourd'hui, est celle qui consiste à se grandir à l'aide de semelles épaisses et de talons élevés. « Voyez cette géante (*longissima femina*), dit Juvénal. Elle va devenir plus petite qu'un pygmée, dès l'instant où vous lui ôterez son cothurne : »

. . . . Breviorque videtur
Virgine Pygmæa, nullis adjuta cothurnis.

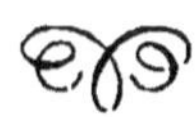

XIV

JOYAUX.

La toilette de notre héroïne touche à sa fin : encore un détail et ce sera le dernier. Les dames romaines poussaient si loin la passion pour les bijoux qu'elles aimaient à s'en parer à tout instant de la journée, et même le matin. Ovide, si indulgent d'ailleurs, ne peut s'empêcher de le leur reprocher. « Vous voulez, dit-il, que vos robes soient toutes brochées d'or : »

Vultis inaurata corpora veste tegi.

« Vous voulez que votre main soit ornée de pierres étincelantes : »

Conspicuam gemmis vultis habere manum.

« Vous garnissez votre cou de perles venues d'Orient; et c'est pour vos oreilles que vous réservez les plus lourdes : »

Induitis collo lapides oriente paratos;
   Et quantos onus est aure tulisse tuos.

Enfin, poussaient-elles l'étrangeté du luxe jusqu'à porter des bagues aux orteils? Le passage suivant de Martial semblerait l'indiquer : « Cet anneau, dit-il, pouvait très-bien convenir pour tes pieds, mais il est beaucoup trop pesant pour tes doigts : »

Annulus ille tuis fuerat modo cruribus aptus;
   Non eadem digitis pondera conveniunt.

Cette innovation, du reste, a été tentée récemment et non sans quelque succès, dans nos salons de Paris.

Toujours est-il que ce qu'elles avaient imaginé pour leurs boucles d'oreilles rend toute supposition vraisemblable. Ainsi elles s'attachaient jusqu'à trois et quatre grosses perles à la même oreille pour former ce qu'elles appelaient des crotales (*crotalia*), nouveau genre de grelots qui les charmait par le léger bruit de leur choc, et dont leur vanité flattée les empêchait de sentir le poids. Écoutons Juvénal :

De monstrueux pendants allongent leurs oreilles :
Auribus extensis magnos committit elenchos.

Enfin, le croirait-on ? Beaucoup de ces grandes dames s'amusaient, à l'exemple d'Antonia, femme de Drusus, à orner de boucles d'oreilles les poissons de leurs viviers *(inaures piscibus addunt)*, afin.de se donner la fantaisie de les voir nager dans cet équipement.

Toutes ces prodigalités coûtaient nécessairement fort cher. C'est ce qu'Ovide signale en termes fort.piquants : « Pourquoi, dit-il, cette fureur de porter sur soi ses revenus? »

Quis furor est census corpore ferre suos?

Et Properce : « La matrone s'avance, vêtue de l'héritage de ses neveux : »

Matrona incedit census induta nepotum.

Ne semble-t-il pas entendre Sully se moquer des courtisans chamarrés d'or de la cour de Louis XIII, qui, disait-il, « portaient sur leurs épaules leurs bois de haute futaie? »

XV

INSPECTION GÉNÉRALE.

Tel est l'arsenal des grands et des petits moyens où nous avons vu notre héroïne puiser si largement. Mais enfin, la voilà sous les armes. Pour mieux juger de l'ensemble, elle se place devant une immense glace qui lui permet de se contempler de la tête aux pieds (*specula totis paria corporibus*). Juvénal veut de plus « qu'elle fasse venir certaine vieille émérite qui de l'aiguille est passée à la quenouille, et dont l'avis fera loi : tant elle a à cœur de s'assurer qu'elle est belle ! »

.... Admotaque lanis

> Emerita quæ cessat acu ; sententia prima
> Hujus erit : tanta est quærendi cura decoris !

Ne soyez pas surpris, après cela, du temps qu'il lui aura fallu pour arriver ainsi à un résultat satisfaisant. Un ancien proverbe l'a dit : « L'habillement et la coiffure d'une femme exigent toute une année : »

> Dum moliuntur, dum comuntur, annus est.

Il faut bien, d'ailleurs, que les préparatifs répondent à l'importance du but. Or notre Romaine n'est pas femme à s'en tenir aux seules jouissances que donne la vanité sans emploi. Elle connaît son prestige et médite un siége; on peut même dire que déjà elle est entrée en campagne. Est-il besoin d'ajouter qu'elle ne négligera aucun des artifices destinés à assurer son succès? Ces artifices, dont il nous reste à parler, auront d'autant plus de chances de réussir que, de tous temps, les hommes s'en sont montrés les complices, encore bien qu'ils dussent en être les victimes.

DEUXIÈME PARTIE.

ARTIFICES.

Ces artifices, qu'Aristophane appelait si
plaisamment « les cosmétiques de
l'âme (κοσμήτικη ψυχῆς), » formeront
donc le complément de la toilette de notre Romaine. Seulement attendez-vous à en rencontrer
dans le nombre qui mériteraient bien plutôt
l'épithète de « roueries. » Et encore aurons-nous
soin de faire un choix dans les récits que nous
en ont légués les mémoires du temps, car, surtout en semblable matière,

Le latin dans les mots brave l'honnêteté.

Il la brave avec d'autant plus de cynisme que

les auteurs d'alors professaient à cet égard des principes tout à fait à eux.

Ovide disait: « Ma conduite est décente; ma muse seule est licencieuse : »

Vita verecunda est; musa jocosa mihi.

Martial disait aussi : « Mes écrits sont libertins, mais ma vie est honnête : »

Lasciva est nobis pagina, vita proba est.

Enfin Catulle formulait cet axiome : « Un poëte doit être personnellement chaste; mais cela importe peu pour ses œuvres: »

Nam castum esse decet pium poetam
Ipsum ; versiculos nihil necesse est.

Étrange distinction ! Comme si l'immoralité qui s'affiche n'était pas mille fois plus dangereuse que l'immoralité qui s'efface! Comme si surtout l'austérité des mœurs pouvait jamais se concilier avec le libertinage habituel de la plume et de la pensée!

De tous ces poëtes, le plus charmant serait sans contredit Ovide, s'il n'était, hélas! le plus dévergondé. Malheureusement c'est celui auquel il nous faudra faire le plus d'emprunts, ses livres renfermant tout un traité de la matière, à tel point qu'il voulait que chaque femme écrivît sur ses tablettes : « Il fut notre maître : »

Iuscribant tabulis : « Naso magister erat. »

Singulier professeur cependant que celui qui infligeait à la pauvre Corinne une correction telle que celle-ci : « Hélas ! s'écrie-t-il, j'ai eu le courage de lui arracher les cheveux et de labourer ses joues délicates avec mes ongles : »

Eheu ! sustinui, raptis e fronte capillis,
    Ferreus ingenuas ungue notare genas.

Mais laissons ces querelles de ménage interlope. Elles nous initieraient à certains détails que nous devons ignorer, car, je le répète encore, notre plume sera châtiée, et rien de ce qui en sortira

Ne saurait alarmer les oreilles pudiques.

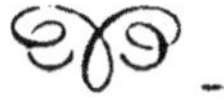

I

INSTRUCTIONS GÉNÉRALES.

OVIDE, en homme qui connaît son monde, veut tout d'abord s'assurer les bonnes grâces de celles à qui il s'adresse. Pour cela il emploie un moyen immanquable : c'est de leur faire force compliments.

« La vertu, dit-il, est femme et d'habit et de nom. Qu'y a-t-il d'étonnant à ce qu'elle se montre favorable à son sexe ? »

Ipsa quoque et cultu est et nomine femina virtus :
Quid mirum populo si favet ipsa suo ?

Puis il ajoute : « L'homme trompe souvent,

la femme presque jamais. Étudiez-la ; vous y
trouverez bien peu d'exemples de perfidie : »

Sæpe viri fallunt, teneræ non sæpe puellæ ;
    Paucaque, si quæras, crimina fraudis habent.

Et, comme preuves, il rappelle que ce fut Ja-
son qui délaissa Médée, Thésée Ariane, le pieux
Énée Didon, tandis que Laodamie succombait à
la fleur de l'âge pour aller rejoindre son époux
au tombeau, et qu'Alceste se dévouait à la mort
pour sauver les jours du sien.

Après avoir ainsi préparé le terrain, Ovide
expose, en termes généraux, une série d'instructions qu'il se plaît à développer avec une
grâce qui n'appartient qu'à lui. Prenons-en
quelques-unes au hasard.

Les femmes, dit-il, ne sauraient apporter trop
de soin à leur beauté, doux présent des dieux
(*dulce Dei munus*). « La plupart, il est vrai,
sont privées de cette faveur : »

Pars vestrum tali munere magna caret.

Mais l'art peut y suppléer, à la condition
qu'il ne se montre pas (*celetur*). « Laissez-nous

croire que vous dormez encore, alors que vous travaillez à votre toilette : »

Tu quoque dum coleris, nos te dormire putemus.

« Surtout qu'un indiscret ne vienne pas vous surprendre au milieu des petites boîtes qui servent à vos apprêts : »

Non tamen expositas mensa deprendat amator
　　Pyxidas. . . . .

« Pourquoi saurais-je à quelle cause est due la blancheur de votre teint ? »

Cur mihi nota tuo causa est candoris in ore?

« Voyez ces décors brillants qui ornent la scène ; examinés de près, ce n'est qu'un bois recouvert d'une mince feuille d'or : »

Aurea quæ pendent ornato signa theatro
　　Inspice, quam tenuis bractea ligna tegat.

« Mais on défend que les spectateurs en approchent avant que tout ne soit terminé : »

Sed neque ad illa licet populo, nisi facta, venire.

« Ainsi ce n'est qu'en l'absence de tout té-

moin que vous devez préparer vos attraits fac-
tices : »

- Nec nisi submotis forma paranda viris.

Il termine par ces conseils de haute diplo-
matie : Manœuvrez de manière à ce qu'on se
méprenne sur vos sentiments véritables. Par
exemple, « ayez le talent de faire croire que
vous désirez vivement ce dont vous vous sou-
ciez le moins, ou que vous tenez à obtenir ce
que vous redoutez le plus : »

Ars est captandi quod nolis velle videri;
Ne facias optat quod rogat ut facias.

Ces grands préceptes une fois posés, Ovide
aborde les détails. Nous nous contenterons de les
transcrire sous sa dictée, trouvant en lui un
guide d'autant plus sûr qu'il connaît « ses élèves » non moins bien que la société où elles sont
appelées à vivre. Aussi va-t-il mêler à ses leçons
sur les artifices qu'elles sauront, au besoin, as-
saisonner de minauderies, des notions curieuses
sur la civilisation si raffinée de la Rome impériale.

II

MANIÈRE DE RIRE.

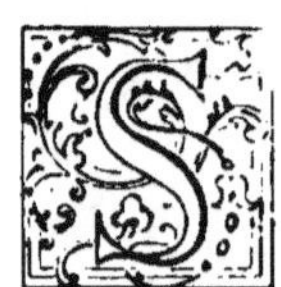i, dit-il, vos dents sont noires, ou trop longues, ou mal rangées, vous pourrez en riant vous faire beaucoup de tort : »

Si niger, aut ingens, aut non est ordine natus
Dens tibi, ridendo maxima damna feres.

Il conseille de recourir alors aux petites manœuvres suivantes : « N'ouvrez que peu la bouche ; que vos joues se creusent de deux fossettes, et que la lèvre d'en bas recouvre l'extrémité des dents supérieures : »

Sint modici rictus ; sint parvæ utrinque lacunæ ;
Et summos dentes ima labella tegant.

Viennent ensuite diverses remarques telles que celle-ci : « Il est des femmes qui ne peuvent rire sans se tordre hideusement la bouche : »

Est quæ perverso distorqueat ora cachinno.

Et celle-là : « Il en est qui, voulant témoigner leur joie, semblent pleurer : »

Quum risu læta est altera, flere putes.

Et cette autre : « Vous en verrez qui choquent l'oreille par des sons rauques et discordants ; on croirait entendre braire une ânesse qui tourne la meule : »

Illa sonat, raucum quiddamque inamabile stridet ;
Ut rudit ad scabram turpis asella molam.

Ovide termine par cette recommandation pleine de tact : « Évitez un rire trop fréquent ; que les sons que vous ferez entendre aient je ne sais quoi de doux et de féminin : »

Nec sua perpetuo contendant ilia risu ;
Sed leve nescio quid femineumque sonent.

III

MANIÈRE DE PLEURER.

Ù l'art, s'écrie Ovide, ne pénètre-t-il pas? Les femmes apprennent à pleurer avec grâce et quand elles veulent, et comme elles veulent : »

> Quo non ars penetrat? Discunt lacrymare decenter,
> Quoque volunt plorant tempore quoque modo.

Savoir pleurer fait partie de leur éducation :

> Ut flerent oculos erudiere suos.

C'est le moyen qu'elles emploient le plus habituellement pour se faire faire quelque cadeau. « Combien de fois, dit-il, désolées d'une perte

imaginaire, viendront-elles, les yeux en pleurs,
se plaindre d'avoir perdu la pierre précieuse qui
ornait leur oreille! »

Quid, quum mendaci damno mœstissima plorat,
    Elapsusque cava fingitur aure lapis!

« C'est que les larmes ajoutent encore à la
beauté : »

Nec facta est lacrymis turpior illa suis.

« Faites, s'il se peut, qu'on les voie ruisseler
le long de vos joues : »

Fac madidas videat, si potes, ille genas.

« Rien ne leur résiste; avec des larmes on
amollit jusqu'au diamant : »

Et lacrymæ prosunt; lacrymis adamanta movebis.

Une savante manœuvre était celle qui consistait à faire précéder la scène de larmes d'une
scène d'évanouissement. Ovide lui-même avoue
y avoir été pris. « La perfide! (*perfida!*) s'écrie-t-il;
je l'ai vue anéantie, le visage tout bouleversé et
blanc comme le marbre que le ciseau dérobe aux
carrières de Paros : »

Adstitit illa amens, albo et sine sanguine vultu,
    Cæduntur Pariis qualia saxa jugis.

« Puis ses larmes, longtemps contenues, inondèrent sa figure, ainsi que l'eau s'échappe de la neige qui vient de fondre » :

Suspensæque diu lacrymæ fluxere per ora,
 Qualiter abjecta de nive manat aqua.

« Les larmes qu'elle répandait ainsi, il me semblait que c'était mon sang : »

Sanguis erant lacrymæ, quas dabat illa, meus.

Et tout cela n'était qu'un jeu! Ovide, du reste, n'avait pas le droit de s'en fâcher. S'il était dupe, c'est que tout simplement ses élèves, comme il les appelle, avaient su profiter de ses leçons. Ne leur dit-il pas un peu plus loin : « Si vous ne pouvez verser de larmes, car on ne les a pas toujours à commandement, frottez vos yeux avec votre main humide : »

Si lacrymæ, neque enim veniunt in tempore semper,
 Deficiunt, uda lumina tange manu.

Il ajoute même : « C'est souvent aux funérailles d'un mari qu'on en trouve un autre : »

Funere sæpe viri vir quæritur. . . . . .

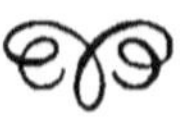

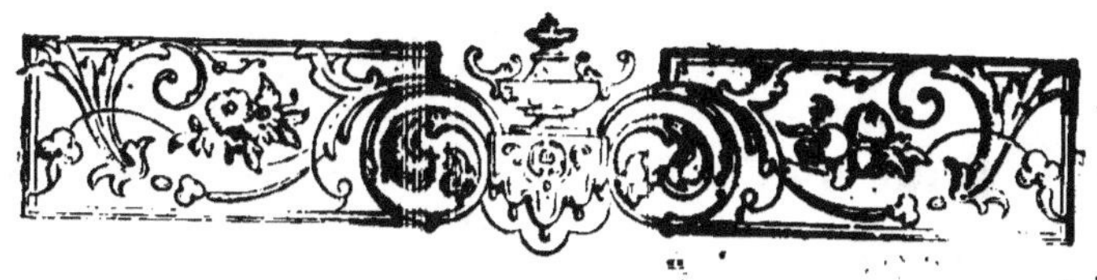

IV

MANIÈRE DE PARLER.

Es dames romaines prenaient plaisir à estropier certains mots par le retranchement de quelque lettre indispensable (*littera legitima*), et à « simuler de petites hésitations de la langue, comme quand on bégaye : »

Blæsaque fit jusso lingua coacta sono.

« Ce vice de prononciation devenait, dit Ovide, un agrément ; aussi s'exerçaient-elles à parler moins bien qu'elles ne le pouvaient : »

In vitio decor est quædam male reddere verba ;
Discunt posse minus, quam potuere, loqui.

Du temps de Perse, « il était surtout de mode de parler du nez : »

Rancidulum quiddam balba de nare locutus.

Ce qui n'empêchait pas « d'escamoter les lettres qui auraient pu blesser les palais trop délicats : »

. . . . Tenero supplantat verba palato.

Nous retrouvons cette afféterie ridicule parmi les petits maîtres du Directoire et de l'Empire. Ils disaient : Une femme *adoable*, c'est *chamant*, ma *paole d'honneu*, la lettre R étant proscrite de leur langage comme beaucoup trop dure pour les oreilles et pour le gosier. Mais nous-mêmes, sommes-nous donc complétement à l'abri de ces petits travers? Que quelqu'un, par exemple, s'avise dans un salon de prononcer « Talleyrand, Béarn, piqueur, » comme ces noms s'écrivent, au lieu de dire « Tall'rand, Béar, piqueu, » on jugera de suite qu'il n'a pas l'habitude du grand monde.

V

DÉMARCHE ET TOURNURE.

VIDE dit avec beaucoup de raison : « Il y a dans la démarche une grâce qui n'est point à dédaigner ; apprenez donc à marcher comme il convient à une femme : »

Est et in incessu pars non temnenda decoris;
  Discite femineo corpora ferre gradu.

Ceci rappelle le fameux hémistiche de Virgile : *Et vera incessu patuit dea* (sa démarche révéla de suite une déesse).

Ovide fait ensuite la critique et un peu la charge de certaines tournures : « L'une s'avance d'un pas nonchalant » (*molliter incedit*); « une autre d'un pas roide » (*altera dura est*). « Celle-ci, par un mouvement compassé des hanches, livre aux vents les plis de sa robe et allonge le pied avec majesté : »

> Hæc movet arte latus; tunicisque fluentibus auras
> Excipit, extensosfertque superba pedes.

« Cette autre, imitant la rubiconde épouse d'un paysan de l'Ombrie, se promène en faisant d'énormes enjambées : »

> Illa, velut conjux Umbri rubicunda mariti,
> Ambulat, ingentes varica fertque gradus.

« En cela, comme en beaucoup de choses, ajoute Ovide, il est une juste mesure à garder : »

> Sed sit, ut in multis, modus hic quoque. . . . . .

VI

INFIRMITÉ DISSIMULÉE.

ous ces artifices de la femme romaine pour réformer et, trop souvent aussi, pour déformer la nature, devaient se heurter quelquefois contre certaines impossibilités. Il fallait alors user de ruses. En voici une que j'emprunte à Martial à titre de spécimen, mais non sans éprouver d'assez vifs scrupules, tant le sujet me paraît scabreux. Essayons cependant de nous faire comprendre.

Galien admet trois espèces principales de tempérament : le tempérament sec, le tempérament humide et le tempérament.... gazeux (*ventosus*). Supposez qu'une femme appartienne à cette dernière catégorie, que faire pour en dissimuler les inconvénients? — Elle prendra, dit Martial, un éditeur responsable. — Mais comment? — Laissons parler le poëte.

« Fabullus, s'écrie-t-il, ton amie Bassa a toujours près d'elle un enfant qu'elle appelle son bijou, ses délices : »

> Infantem secum semper tua Bassa, Fabulle,
>   Collocat, et lusus deliciasque vocat.

« Et pourtant, chose singulière! elle n'aime pas les enfants : »

> Et, quod mireris magis, infantaria non est.

« Pourquoi donc cette précaution ? C'est que Bassa fait entendre certains petits bruits : »

> Ergo quid in causa est? Pedere Bassa solet.

Mais laissons Martial pour revenir à Ovide, dont la plume est trop discrète pour se permettre de semblables révélations.

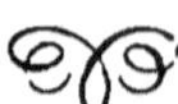

VII

UN EMPRUNT FORCÉ.

Eт encore, que parlons-nous de discrétion à propos d'Ovide? Le monde où il vivait ressemblait singulièrement, par la légèreté ou plutôt par la licence de ses mœurs, à celui qu'on appelle aujourd'hui le « demi-monde, » et ses complaisances pour ses élèves allaient jusqu'à le rendre complice de leurs manœuvres les plus coupables. Je n'en veux d'autre preuve que ce qu'il leur dit sur la manière de s'y prendre pour contracter un emprunt. C'était, nous allons le voir, toute une œuvre de haute stratégie.

« De la dissimulation, dit-il; ne montrez pas tout d'abord votre rapacité : »

Dissimulate tamen ; primo non este rapaces.

Alors commence la petite scène que voici :
Un colporteur (*institor*) arrive, comme par hasard. Il étale ses marchandises les plus belles dans le salon où la maîtresse de la maison a réuni quelques invités sous un prétexte quelconque, sauf, bien entendu, le véritable. Celle-ci, s'adressant à l'un d'eux qu'elle sait être riche : « Veuillez, dit-elle, faire un choix, afin que chacun puisse juger de votre bon goût : »

Quas illa inspicias, sapere ut videare, rogabit.

Il s'y prête d'abord de très-bonne grâce; « mais elle ajoute : Ayez la bonté de payer : »

. . . . Deinde rogabit emas.

« Vainement alors il prétexte qu'il n'a pas assez d'argent sur lui; on lui demande de faire un billet et il maudit de savoir écrire : »

Si non esse domi, quos des, causabere nummos,
Littera poscetur, ne didicisse juvet.

« Que de choses, ajoute Ovide, les femmes
empruntent ainsi comme devant les rendre et
dont on n'entend plus parler ! »

Multa rogant reddenda dari, data reddere nolunt.

Si encore elles s'en montraient reconnais-
santes ! Mais, sachez-le bien, « c'est autant de
perdu pour vous et on ne vous en sait pas le
moindre gré : »

Perdis et in damno gratia nulla tibi est.

Vous croyez peut-être qu'Ovide va leur faire
à ce propos quelque remontrance. Bien au contraire, il formule en principe leurs belles pratiques et leur dit : « Quand vous avez obtenu
beaucoup de cadeaux, au lieu de dépouiller tout
à fait votre victime, demandez simplement qu'on
vous prête ce que vous ne rendrez jamais : »

Quum multa abstuleris, ut non tamen omnia donet,
Quod nunquam reddas commodet ille roga.

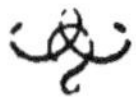

VIII

DÎNER EN VILLE.

Rome, comme à Paris, le principal repas avait lieu le soir, une fois les affaires terminées. « Arrivez tard (*sera veni*), » dit Ovide ; « l'attente fait ressortir la beauté (*maxima lena mora est*); » d'ailleurs « la nuit jettera son voile sur vos imperfections : »

Et latebras vitiis nox dabit ipsa tuis.

Ovide établit ensuite que « manger est un art, » et, comme c'est un esprit éminemment pratique, il n'hésite pas à en esquisser les règles.

« Prenez, dit-il, vos aliments du bout des

doigts (*carpe cibum digitis*), » ce qui est en op-position directe avec notre *Civilité puérile et hon-nête.* C'est qu'on n'avait pas encore inventé les fourchettes. Vous expliquerez de même cette autre recommandation qui, sans cela, serait par trop banale : « Que votre main mal essuyée ne salisse pas votre bouche : »

Ora nec immunda tota perunge manu.

Mais avec quoi l'essuiera-t-on? Tout simple-ment avec une serviette (*mappa*), car on en connaissait alors parfaitement l'usage. Seule-ment, au lieu que ce fût l'amphitryon qui la fournît, chaque convive apportait la sienne, absolument comme dans certaines noces de vil-lage les invités se munissent de leur couvert et de leur couteau. Ces serviettes, qu'on se plaisait quelquefois à échanger, à titre de souvenir, devenaient fréquemment une occasion de vol. « Jamais, dit Martial, Hermogène n'apportait de serviette en venant dîner; pourtant Hermogène en remportait toujours une en s'en allant : »

Ad cœnam Hermogenes mappam non attulit unquam;
A cœna semper retulit Hermogenes.

Enfin, chacun devait également se précau-
tionner d'un cure-dent (*dentiscalpium*), dont il
était de bon goût, alors comme aujourd'hui, de
dissimuler l'emploi :

Nec coram dentes defricuisse probo.

Martial nous apprend « que le bois de lentisque
servait à faire les meilleurs, mais qu'à son défaut, on pouvait très-bien se contenter d'un
simple tuyau de plume : »

Lentiscum melius; sed si tibi frondea cuspis
Defuerit, dentes penna levare potest.

Bien entendu, notre satirique ne laissera point
échapper une aussi bonne occasion de dévoiler
quelque nouvelle ruse féminine. Ainsi, il remarque que les femmes qui affectent le plus de
se creuser (*fodere*) les gencives avec le bois de
lentisque, sont précisément celles qui n'ont plus
de dents (*nec habent dentes*).

Ce n'est point ici le lieu de donner le menu
d'un dîner de l'époque. Disons seulement que les
dames romaines affectionnaient tout particulièrement les truffes (*tubera*) et les pâtés de foie gras
(*turunda jecorea*). Il est même probable que déjà

on connaissait les procédés barbares qui rendent le nom de Strasbourg si cher aux gastronomes. « Voyez, remarque Martial, combien ce foie est plus gros que l'oie même la plus grosse : »

Aspice quam tumeat magno jecur ansere majus.

Afin de se tenir l'appétit en éveil, on usait avant et pendant le repas des mêmes hors-d'œuvre qu'aujourd'hui et, en particulier, des olives :

Inchoat atque eadem finit oliva dapes.

Toutefois, la femme comme il faut devait savoir y mettre beaucoup de réserve. « Mangez, dit Ovide, un peu moins que vous n'en auriez envie ou que vous ne pourriez le faire : »

. . . . Desine citra
Quam cupias, paulo, quam potes esse, minus.

Maxime excellente, qu'il fait suivre d'un exemple qui me paraît sans réplique : « Si le fils de Priam avait vu Hélène se jeter avidement sur les mets, il l'eût prise en aversion, et se fût dit : « Quel sot enlèvement j'ai fait là ! »

Priamides Helenen avide si spectet edentem,
Oderit, et dicat: Stulta rapina mea est.

Notre poëte se montre de meilleure composition à l'endroit des liquides. « Une jeune fille, selon lui, peut décemment se permettre quelques excès dans le boire : »

.Aptius est deceatque magis potare puellam.

« Il lui recommande surtout le vin parfumé qu'on récolte dans les environs de Marseille. » (Je présume que c'est le vin muscat).

Fumea Massiliæ ponere vina potest.

« Car ce vin, non moins que les fumées de « la table, inspire une douce gaieté : »

Aptior est dulci mensa merumque joco.

Ne trouvez-vous pas avec moi que cette douce gaieté menait un peu loin, puisqu'elle semblait autoriser des privautés telles que celle - ci ? « Buvez dans le verre de votre voisine du côté qu'ont touché ses lèvres : »

Pocula, quaque bibet femina parte, bibe.

Il est vrai qu'Ovide daigne s'arrêter en si beau chemin, et poser, comme correctif, ces

limites assez peu sévères : « Que la tête et que
les jambes restent solides, et qu'on ne voie pas
doubles les objets simples : »

> . . . . Animusque pedesque
> Constent, nec quæ sunt singula, bina vide.

Quant aux hommes, le vin qui leur convient
entre tous, c'est le généreux falerne de cent ans
(*falernum opimum centum annorum*). Ils peuvent à
la rigueur se griser; mieux vaut cependant qu'ils
feignent simplement l'ivresse, « afin que tout ce
qu'ils feront ou diront d'un peu libre, trouve
son excuse dans de trop fréquentes libations : »

> Ut quidquid faciant dicantve protervius æquo,
> Credatur nimium causa fuisse merum.

Tibulle, que nous nous figurons, bien à tort,
plongé toujours dans une atmosphère de soupirs, ne veut même pas de ces moyens termes.
« Je ne vois aucun mal, s'écrie-t-il, à se noyer
dans le vin les jours de fête, et à diriger au hasard ses pas mal assurés : »

> . . . . Non festa luce madere
> Est rumor, errantes et male ferre pedes.

Si encore les femmes avaient eu la pudeur,

comme chez nos voisins les insulaires, de quitter la salle au moment de ces orgies ! Mais non. Elles les encourageaient, au contraire, par leurs excitations. « Videz, disaient-elles, autant de fois la coupe qu'il y a de lettres dans nos noms : »

Omnis ab infuso numeretur amica falerno.

Et quand ils avaient fini, elles les relançaient de nouveau : « Allons ! (*Euge !*) Portez de la même manière les santés des absentes : »

Nomen et absentis singula verba sonent.

IX

LE THÉATRE.

ES femmes « vont au théâtre pour voir ; elles y vont surtout pour être vues : »

Spectatum veniunt ; veniunt spectentur ut ipsæ.

C'est Ovide qui a dit cela et, très-probablement, il ne l'a pas dit le premier. Or, que de fois on l'a répété depuis lui !

Elles y arrivent dans tous leurs atours (*cultis-simæ*.) Une pièce est-elle en vogue, leur empressement à s'y rendre rappelle celui des fourmis qui rapportent leur butin au logis, ou des abeilles qui vont chercher le leur dans les champs.

Le même poële veut que chaque femme soit accompagnée de son cavalier (*eques*), « lequel lui frayera un passage à travers la foule : »

Ipse fac in turba, qua venit illa, locum.

Avant qu'elle ne s'assoie, « sa main prévoyante disposera le coussin de son siége : »

Pulvinum facili composuitque manu.

Une fois assise, « il agitera l'air autour d'elle avec un léger éventail[1], et placera un petit banc sous ses pieds délicats : »

Profuit et tenui ventum movisse tabella,
Et cava sub tenerem scamna dedisse pedem.

J'avoue que je ne m'attendais pas à rencontrer là le fameux petit banc de nos ouvreuses.

« Surtout, continue Ovide, veillez aux spectateurs situés derrière elle, de peur qu'avec leurs genoux ils ne lui meurtrissent les épaules : »

Respice præterea post vos quicumque sedebit,
Ne premat opposito mollia terga genu.

---

1. Cet éventail (*tabella*, appelé encore *flabellum*) était une sorte de tissage de plumes de paon très-artistement ajustées. « Cynthie, s'écrie Properce, veut que je lui donne un éventail fait de la queue d'un paon magnifique : »

Et modo pavonis caudæ flabella superbæ.

« Si, par un hasard assez commun, quelque grain de poussière vient à voler sur sa robe, enlevez-le d'un doigt léger : »

Utque fit, in vestem pulvis si forte puellæ
  Deciderit, digitis excutiendus erit.

« Si même il n'y a rien, qu'importe! Ce rien enlevez-le toujours : »

Et si nullus erit pulvis, tamen excute nullum.

De pareilles prévenances, sauf peut-être la dernière, ne s'écartent aucunement des règles de la pure galanterie. Que penser au contraire de certains actes que les femmes se permettaient ou qu'elles autorisaient pendant le spectacle? « Je vous ai vues, dit Ovide, parler par le froncement de vos sourcils; vos signes de tête étaient presque des paroles : »

Multa supercilio vidi vibrante loquentes;
  Nutibus in vestris pars bona vocis erat.

« Vos yeux non plus n'étaient pas silencieux » (*non oculi tacuere tui*). « Un regard muet a souvent toute l'éloquence de la voix : »

Sæpe tacens vocem verbaque vultus habet.

« Il n'est pas jusqu'à vos doigts qui, par leurs mouvements, n'aient exprimé des lettres : »

Scripta nec in digitis littera nulla fuit.

Une simple question. Est-ce que par hasard ce seraient les dames romaines qui auraient ainsi donné à l'abbé de l'Épée l'idée première de la mimique dont il a doté les sourds-muets? J'oubliais que, bien avant elles, Salomon avait signalé tous ces artifices dans ses Proverbes : *Annuit oculis, terit pede, digito loquitur,* comme étant déjà d'une pratique usuelle.

Quoi qu'il en soit, les choses allaient si loin, qu'Ovide, Ovide lui-même, finit par en être scandalisé ; il s'écrie :

Le théâtre est l'écueil de la chaste pudeur :
Ille locus casti damna pudoris habet.

X

RUSES ÉPISTOLAIRES.

Es Romaines connaissaient tous les us-
tensiles qui nous servent habituellement à écrire. Écoutez Alphéna se
plaindre, dans Perse, de « ce qu'une encre trop
épaisse se fige au bout de sa plume : »

Queritur crassus calamo quod pendeat humor.

« Son papier boit (*charta bibit*). Que pourra-
t-elle faire avec une plume si détestable (*an
tali studeam calamo*) ? »

Elles cachetaient aussi leurs lettres avec une
pierre artistement gravée à leur nom, ou figu-

rant quelque emblème, sans oublier non plus de la mouiller pour qu'elle n'adhérât pas à la cire :

Neve tenax ceram siccave gemma trahat.

Enfin elles étaient de première force sur ce qu'on peut appeler les « Ruses épistolaires. » Ainsi la soubrette chargée de porter furtivement la missive de sa maîtresse, la cachera sous son corsage (*in sinu*), dans son brodequin (*in sura*), ou sous la plante de ses pieds (*sub vincto pede*). Au besoin même « elle offrira ses épaules en guise de tablettes, et deviendra de la sorte une lettre vivante : »'

> . . . . Pro charta conscia tergum
> Præbeat, inque suo corpore verba ferat.

Mais comment éviter que la peau noircie par l'écriture ne trahisse les caractères? Rien de plus simple. « Les lettres tracées avec du lait qu'on vient de traire tromperont facilement les yeux; puis un peu de charbon pulvérisé suffira pour les rendre visibles : »

> Tuta quoque est fallitque oculos e lacte recenti
> Littera; carbonis pulvere tange, leges.

Voilà, je l'avoue, une manière de faire son courrier dont je n'avais pas la moindre idée. Ovide parle bien encore de diverses encres sympathiques; d'une, entre autres, qu'on retirait du lin vert (*humiduli lini*), « laquelle ne laissait pas de traces sur le papier : »

Et favet occultas pura tabella notas.

Mais c'est infiniment moins original; d'ailleurs la chimie moderne a mieux que cela.

Le même poëte veut « qu'on s'accoutume de bonne heure à imiter plusieurs écritures : »

Ducere consuescat multas manus una figuras.

Il veut aussi que, pour mieux donner le change, « on écrive *Elle* quand on veut dire *Il :* »

Illa sit in vestris, qui fuit *Ille*, notis.

Il veut surtout « qu'on efface d'abord avec le plus grand soin les anciens caractères, afin que la même tablette ne porte pas la trace de deux mains différentes : »

Nec nisi deletis tutum rescribere ceris,
  Ne teneat geminas una tabella manus.

Toutefois le plus sûr, à son avis, c'est d'anéantir les lettres compromettantes. « Quelle perfidie, s'écrie-t-il, de conserver de pareils gages! Ils forment une arme aussi terrible que les foudres de l'Etna : »

Perfidus ille quidem qui talia pignora servat!
Hæc tamen Ætnæi fulminis instar habet.

Oui; mais le post-scriptum sacramentel : « Brûlez cette lettre, » a de tous temps été si peu observé, qu'il équivaut presque à celui-ci : « Gardez-la précieusement. »

XI

MIGRAINE.

Quand une Romaine voulait condamner sa porte (*janua surda*), elle avait recours à certains expédients qu'Ovide nous indique. Ainsi, par exemple, « une servante menteuse viendra vous dire d'un ton assuré : Madame est sortie : »

> Forsitan et vultu mendax ancilla superbo
>   Dixerit : isse foras. . . .

Mais vous pourriez apprendre par une indiscrétion qu'elle est chez elle; aussi mieux vaut qu'elle feigne une migraine. Allons! s'écrie le poëte dans son dépit, « prétextez bien vite un mal de tête : »

> . . . . Capitis modo finge dolorem.

Et il ajoute : « Elle n'aura pas honte de couvrir sa brillante chevelure du voile des malades : »

> . . . . Nec turpe putatur
> Palliolum nitidis imposuisse comis.

Cette malencontreuse migraine, Ovide l'avait prise en horreur. Ce sont sans cesse des exclamations dans le genre de celle-ci : « Ah! que de mensonges elles font avec leurs prétendues douleurs de tête! »

> Ah! quoties sani capitis mentita dolores!

Ceux qui accusent tous les jours la médecine de ne point avoir fait de progrès, peuvent invoquer à l'appui de leur thèse l'exemple de la migraine. Il est de fait que, contractée dans ces conditions-là, elle est aujourd'hui plus incurable que jamais.

XII

UNE CITOYENNE DE ROME.

Je m'arrête, malgré l'intérêt attaché à ces détails qui font revivre à nos yeux, sous sa physionomie la plus intime, une société dont on parle tant et qu'on connaît si peu. Mais, nous l'avons dit en commençant, il nous faut de toute nécessité limiter nos choix, placé que nous sommes sur un terrain qui, par ses monstrueux mélanges, ne rappelle que trop le « fumier d'Ennius. » D'ailleurs nous nous étions surtout proposé d'établir que notre époque, qui se croit si féconde en inventions de tout genre, n'a fait, ici du moins, que copier servilement l'antiquité. Ou je m'abuse, ou notre démonstration a été complète. Que de fois même ai-je été tenté d'interrompre ces récits, pour appliquer à celles de nos Parisiennes qui me font l'honneur de me lire, cette apostrophe empruntée à Horace : « Changez les noms, cette histoire est la vôtre ! »

> . . . . Mutato nomine, de te
> Fabula narratur. . . .

Mais soyez sûr que la plupart auront déjà pris l'initiative de ces rapprochements. Peut-être même quelqu'une d'entre elles, se reconnaissant à certains détails, — je l'estime trop pour dire à tous, — s'est-elle écriée avec un élan plus voisin de l'humilité que de l'orgueil : « Et moi aussi je suis citoyenne de Rome ! »

> Ego sum civis Romana !

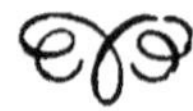

UNE SOIRÉE

CHEZ NOTRE ROMAINE.

ous voilà suffisamment renseignés sur la toilette et les artifices de notre Romaine. Le dirai-je? Je ne suis pas sans me sentir quelques scrupules à son sujet. Il me semble qu'en épiant ainsi les moindres actes, les moindres gestes de sa vie intime, nous l'avons jugée un peu sévèrement, lui prêtant des faiblesses, peut-être même des travers qui étaient bien de son époque, mais dont elle avait pu en grande partie s'affranchir. Je veux donc, à titre de réparation, l'envisager maintenant dans tous ses avantages et entourée de l'élite de la société de Rome. Qui sait si ce n'est pas aujourd'hui l'anniversaire de sa naissance? Rien, en tout cas, ne nous empêche de le supposer. Or, comme il était d'usage que celle dont on célébrait ainsi la fête en profitât pour donner ce que nous appelons « une soirée, » on voudra bien admettre que nous avons reçu comme tant d'autres une lettre d'invitation (*per litteras admonitus*). Nous serons d'autant plus empressé de nous y rendre que ce sera pour nous une excellente occasion de compléter nos remarques sur ce qu'étaient les dames romaines au temps d'Auguste.

Mais déjà il se fait tard. De longues files d'équipages (*carruca*, d'où le mot carrosse) commencent à prendre la direction de son hôtel, et nous avons intérêt à arriver des premiers. Suivons donc, pour éviter la foule, le conseil d'Ovide. « Au lieu, dit-il, de vous fier à une voiture, faites la route à pied : ».

Ne rota defuerit, tunc pede carpe viam.

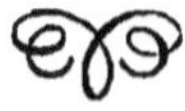

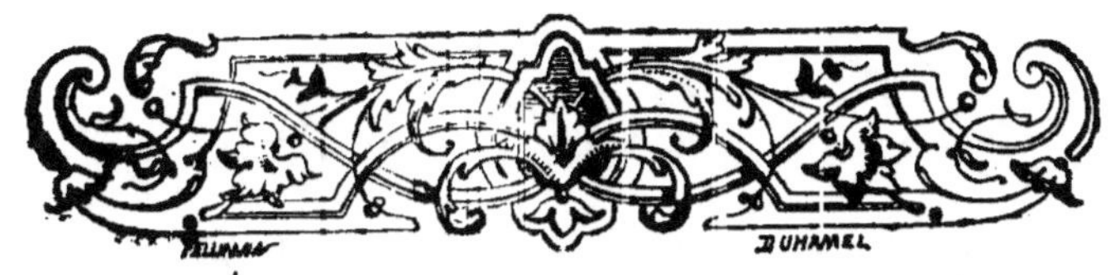

I

SON HOTEL.

L'HÔTEL qu'habite notre héroïne occupe, non loin de la voie Sacrée, l'un des plus beaux quartiers de la ville. Il se reconnaît facilement à la splendide illumination de sa façade. « C'est à croire, dit Properce, que la maison tout entière est en feu : »

Luxerit et tota flamma secunda domo.

Il se reconnaît de même « au bruit et à l'animation qui règnent dans les diverses rues qui l'avoisinent : »

Publica vicinæ perstrepat aura viæ.

La porte en est ouverte à deux battants (*portæ bipatentes*) : inutile par conséquent d'agiter la sonnette, pour avertir le concierge de tirer le cordon (*ducere funem*). A l'entrée et sur les marches de l'escalier, « sont disposées des lanternes[1], bordées de violettes, qui vomissent dans l'air des nuages étincelants : »

> Dispositæ pinguem nebulum vomuere lucernæ,
> Portantes violas. . . .

Nous voici dans le vestibule (*atrium*). Les hommes y déposent leurs manteaux et les femmes leurs pelisses, en échange de jetons d'ivoire (*chartæ eburneæ*) sur lesquels sont inscrits des numéros. Puis l'huissier (*nomenclator*) vous adresse cette question : *Quis es tu?* en d'autres termes : « Qui aurai-je l'honneur d'annoncer? » Votre nom donné, il le répète à haute voix, et alors vous vous dirigez du côté de la maî-

---

1. Ces lanternes étaient faites en corne ou en vessie. Martial fait dire à l'une de ces dernières : « Pour n'être pas de corne, en suis-je plus obscure? Le passant soupçonne-t-il que je ne suis qu'une vessie ? »

> Cornu si non sum, numquid sum fuscior? Aut me
> Vesicam, contra qui venit, esse putet?

tresse du logis. Celle-ci ne se tient pas d'habitude dans le premier compartiment (*peristylum*), mais dans une espèce de boudoir (*œcus*) situé plus loin, où elle réunit de préférence les personnes de son intimité. Elle ne vous aperçoit donc pas en entrant.

Profitons-en pour jeter un coup d'œil sur l'ensemble de la fête. Nous pourrons d'autant mieux voir et nous orienter, qu'étranger à Rome, nous serons nous-même moins en évidence.

II

COUP D'ŒIL SUR LA FÊTE.

Nous ne dirons rien de la richesse du mobilier, du luxe des tentures, non plus que des milliers de « bougies[1] qui répandent les flots de leur lumière nocturne : »

Hic tibi nocturnos præstabit cereus ignes.

Nous ne parlerons pas davantage de ces

1. C'étaient bien des bougies (*cerei*), et non des chandelles (*candelæ*), ce dernier genre d'éclairage n'étant employé que par les gens du commun. « Le sort, dit Martial, vous a donné cette humble servante de la lampe, pour qu'elle dirigeât dans les ténèbres vos pas mal assurés : »

Ancillam tibi sors dedit lucernæ,
Tutas quæ vigil exigit tenebras.

foyers de cristal (*crystalla*), appendus au plafond et qui, « bien que garnis de plusieurs
becs, ne forment pourtant qu'un seul lustre : »

Totque gerens myxos, una lucerna tamen.

Non. Tout notre intérêt sera pour l'assistance.
Et d'abord remarquons combien est fidèle le
portrait, tracé par Martial, d'un élégant de l'époque : « Chevelure brillante; parfums à profu-
sion; habit de pourpre; air langoureux; poitrine en avant; jambes épilées : »

Crine nitens, niger unguento, perlucidus ostro,
  Ore tener, latus pectore, crure glaber.

Tel est, en effet, le signalement de tous
ceux que nous apercevons. Bien peu semblent
s'être souvenus de cette défense d'Ovide « de
se friser les cheveux avec le fer ou de se lisser
la peau avec la pierre ponce : »

Sed tibi nec ferro placeat torquere capillos,
  Nec tua mordaci pumice crura teras.

« Contentez-vous, leur disait-il, d'aimer la
propreté et d'avoir des ongles bien nets : »

Munditiæ placeant et sint sine sordibus ungues.

« Qu'une main savante coupe vos cheveux, coupe votre barbe : »

Sit coma, sit docta barba resecta manu.

« Et que vos habits soient bien faits et exempts de taches : »

Sit bene conveniens et sine tabe toga.

« Quant au reste, abandonnez-le aux jeunes coquettes : »

Cætera lascivæ faciant, concede, puellæ.

Les jeunes coquettes! Mais, remarque Ovide, est-il une femme, quel que soit son âge, qui ne le soit plus ou moins? Quant à celles que nous apercevons chez notre Romaine, nous pouvons dire de toutes, avec Tibulle, que « des essences précieuses embaument leur chevelure et que de molles guirlandes couvrent leurs têtes et leurs épaules : »

Illarum e nitido stillant unguenta capillo,
E capite et collo mollia serta gerunt.

Remarquons toutefois que ce sont surtout les

jeunes dont « le front est paré d'une couronne
de fleurs et de feuillage : »

His varii flores et frons redimita corymbis.

Cela, du reste, leur sied à merveille, et il en est
dans le nombre qui sont d'une beauté remar-
quable. Je sais bien qu'Ovide veut « qu'on se
défie de la clarté trompeuse des flambeaux, car,
à cette heure, il n'est pas de femme laide : »

Hic tu fallaci nimium ne crede lucernæ;
Horaque formosam quamlibet illa facit.

« C'est en plein jour, ajoute-t-il, qu'on juge
les pierres précieuses et les étoffes de pourpre;
c'est en plein jour aussi qu'on doit juger le visage et les autres agréments extérieurs : »

Consule de gemmis, de tincta murice lana;
Consule de facie corporibusque diem.

D'ailleurs « rien ne trompe comme la toilette;
l'or et les pierreries cachent tout; ce qu'il y a
de moins chez la jeune fille, c'est elle : »

Auferimur cultu; gemmis auroque teguntur
Omnia; pars minima est ipsa puella sui.

Je conviens volontiers de tout cela. Seulement est-ce bien à Ovide de chercher ainsi à nous inspirer de la défiance, alors que, presque au même moment, il fait à « ses élèves » les recommandations que voici :

Êtes-vous par trop mince (*gracilis*), « portez des étoffes très-bouffantes : »

. . . . Pleno sumat velamina filo.

Êtes-vous par trop grasse (*mammosa*, qu'on a traduit assez plaisamment par « mammifère »), « ayez un corset qui comprime l'exagération des contours : »

Inflatum circa fascia pectus eat.

« Le blanc convient aux brunes : »

Alba decent fuscas. . . . .

« Le noir aux blanches : »

Pulla decent niveas. . . . .

« Le noir embellissait Briséis ; telle était la couleur de sa robe quand elle fut enlevée : »

. . . . Briseida pulla decebant ;
Quum rapta est, pulla tum quoque vestis erat.

Voilà un dernier détail qui avait échappé à Homère et dont, bien entendu, je laisse à Ovide toute la responsabilité.

Enfin, reprend le poëte, dont la verve est inépuisable, pour peu que vous soyez petite, évitez de vous montrer debout ni même assise. « Mieux vaut rester étendue sur un canapé : »

Hic opus est pictis accubuisse toris.

« Et, de peur qu'on ne mesure votre taille dans cette attitude, cachez vos pieds en ramenant votre robe jusque sous vos talons : »

Hic quoque, ne possit fieri mensura cubantis,
    Injecta lateant fac tibi veste pedes.

— Puisque nous voilà sur le chapitre des robes, il est encore un point que nous ne saurions omettre, car, bien qu'arrivé le dernier, il est loin de l'être par ordre d'importance.

Les dames romaines connaissaient-elles la distinction des robes montantes et des robes décolletées? Le passage suivant d'Ovide me semble ne laisser place à aucune équivoque : « Toute personne, dit-il, qui a la peau belle, doit faire

voir ses épaules à découvert ; ne l'oubliez pas,
ô vous qui avez la blancheur de la neige ! »

Cui color est humero sæpe patente cubet ;
Hoc vos præcipue, niveæ, decet !. . .

Ce passage se trouve d'ailleurs confirmé par
cet autre : « Elles vous offriront elles-mêmes
leurs épaules à contempler : »

Quod spectes humeris afferet illa suis.

Ovide, disons-le à sa louange, éprouve à ce
propos des scrupules dont nous voudrions le
voir d'ordinaire un peu moins sobre, car il
ajoute : « Il est certains détails que la bien-
séance exige que l'on cache sous un fichu : »

Parsque sub injecta veste pudenda latet.

Ne pourrions-nous pas, à notre tour, nous
emparer de cet excellent précepte pour en faire
un « Avis à nos lectrices ? »

— Et les gants ? C'est encore là une question
qui, malgré les graves débats auxquels elle a
donné lieu, me paraît jugée. Nul doute que leur
usage ne fût connu à Rome ; seulement il n'y

avait point ce qu'on pourrait appeler de « gants d'étiquette; » puis en mettait qui voulait. Ainsi parmi les femmes qui assistent, comme nous, à la soirée, les unes en portent d'entiers (*digitales*) : ce sont celles dont la peau gagnerait peu à être vue. D'autres se contentent de simples mitaines (*manicæ*) : celles-là n'ont réellement que les doigts de bien faits. Enfin il en est qui n'ont mis ni mitaines ni gants; c'est qu'alors, soyez-en sûr, leur main tout entière est irréprochable.

Du reste, qu'elles aient des gants ou qu'elles n'en aient pas, elles ne manquent jamais de tenir leur mouchoir à la main, afin qu'on puisse mieux juger, à la finesse du tissu et à la délicatesse des broderies, qu'il vient bien réellement de Sétabes (*sudarium Setabum*).

III

TROP DE PARFUMS.

'AIR qu'on respire chez notre héroïne est imprégné ou plutôt est saturé des parfums les plus pénétrants. Dans chaque pièce sont disposées des fontaines d'où jaillissent des eaux de senteur; dans chaque pièce aussi brûlent des cassolettes où l'Orient, « ce pays des aromates, » comme l'appelle Strabon, semble avoir versé tous ses produits. Il n'est pas jusqu'au feuillage artificiel dont la plupart des invitées ont paré leur tête, qui n'exhale l'odeur de la plante ou de la fleur qu'il représente.

Les hommes poussaient l'abus des parfums

aussi loin que les femmes. Martial dit à l'un d'eux : « Tu exhales le baume, tu exhales le cinnamome par tous les pores : »

Balsama tu semper, cinnama semper oles.

Puis il ajoute : « Une chose m'est très-suspecte, ô Posthume, c'est que tu sentes toujours si bon; celui-là ne sent pas bon naturellement qui sent toujours trop bon : »

Hoc mihi suspectum est quod oles bene, Posthume, semper;
Posthume, non bene olet, qui bene semper olet.

Martial ne se montre pas plus indulgent pour la pauvre Gellia : « Partout où tu vas, lui dit-il, on dirait que la boutique de Cosmus t'accompagne; tu sais sans doute que mon chien pourrait embaumer tout comme toi : »

Quod quacumque venis Cosmum migrare putamus;
Scis, puto, posse meum sic bene olere canem.

L'épigramme, du reste, me paraît assez médiocre. Mais quittons notre observatoire pour nous mêler à la fête, car il est bien temps qu'on nous présente à la maîtresse de la maison.

IV

PRÉSENTATION.

ORSQUE vous traversez une pièce, « regardez, dit Ovide, qui vous regarde ; souriez doucement à qui vous sourit ; répondez aux signes de tête par des signes correspondants : »

Spectantem specta ; ridenti mollia ride ;
Innuit, acceptas tu quoque redde notas.

Montrez-vous surtout d'une exquise politesse envers les femmes. Leur âge importe peu. N'ontelles pas toutes également droit à vos hommages ? Sans doute « la jeunesse enchante, mais

la maturité captive : l'une a pour elle les agréments du corps, l'autre la solidité de l'esprit : »

Te nova sollicitat ; te tangit serior ætas :
　　Hæc melior specie corporis, illa sapit.

Arrivé en présence de la maîtresse du logis
(*dominæ*), si vous êtes de ses amis, « que votre
main presse la sienne (*dextram dextra premat*). »
Quant à nous, qu'elle ne connaît pas personnellement, un maître de cérémonie (*introductor*)
nous présentera et nous nous inclinerons avec
respect (*saluta decenter*). Fort bien ; mais Ovide
ajoute : « C'est le moment d'adresser votre compliment. » Or, que dire ? Le même poëte va heureusement nous tirer d'embarras, en nous fournissant matière à plusieurs :

« Si sa robe est de Tyr, vantez les étoffes de
Tyr ; si elle est de Cos, vantez les étoffes de Cos : »

Sive erit in Tyriis, Tyrios laudabis amictus ;
　　Sive erit in Cois, Coa decere puta.

« Est-elle ruisselante d'or, dites que l'or a
moins d'éclat que ses charmes : »

Aurata est, ipso tibi sit pretiosior auro.

« Ses cheveux sont-ils séparés sur le front, déclarez cette coiffure ravissante ; sont-ils frisés par le fer, proclamez-la délicieuse : »

Compositum discrimen erit, discrimina lauda ;
Torserit igne comam, torte capille, place.

« Surtout n'oubliez pas de vanter sa beauté (*formam lauda*). Vous serez toujours sûr d'être cru ; toute femme se trouve charmante ; la plus laide se complaît à elle-même : »

Non credi labor est ; sibi quæque videtur amanda ;
Pessima sit, nulli non sua forma decet.

Il n'est pas jusqu'aux animaux, continue Ovide, qui ne soient sensibles à ce genre de flatterie. « Voyez ce paon. Si vous louez son plumage, il étale sa queue avec orgueil ; si vous le regardez en silence, il en cache les trésors : »

Laudatas ostentat avis Junonia pennas ;
Si tacitus spectes, illa recondet opes.

« Et le coursier, combien dans la lutte des chars il aime les applaudissements donnés à sa crinière bien peignée et à sa fière encolure ! »

Quadrupedes, inter rapidi certamina cursus,
Depexæque jubæ plausaque colla juvant !

Ovide termine cette série d'instructions par ce précepte qui les résume toutes : « Ne dites jamais à une femme que ce que vous savez devoir lui plaire : »

Audiat optatos semper amica sonos.

Tout cela est à merveille. Les conseils sont excellents et le poëte, par cette fertilité d'imagination, prouve qu'il n'était pas homme à être jamais pris au dépourvu. Mais le jour natal d'une Romaine était un peu le jour de l'an d'une Parisienne. Aussi notre héroïne, tout en étant très-sensible aux compliments, pourra-t-elle les trouver un peu fades sans l'assaisonnement de quelques cadeaux. Ces cadeaux, nous ne saurions donc les passer complétement sous silence.

V

CADEAUX.

C'ÉTAIENT, autrefois, de simples bagatelles : un anneau, un bougeoir, une petite pièce d'argenterie ou quelque primeur envoyée des champs. Ovide se plaint déjà que, de son temps, les femmes préféraient le solide. Ainsi, après avoir félicité les Amaryllis des églogues du goût qu'on leur supposait pour les châtaignes, il termine par ce trait si plaisant :

Les nôtres aujourd'hui les aiment beaucoup moins :
At nunc castaneas non amat illa nuces.

Juvénal, suivant sa coutume, n'y met pas tant

de façons pour signaler le même abus : « Voilà,
s'écrie-t-il, celle à qui il faudra envoyer une
ombrelle[1] verte et de splendides coupes d'am-
bre, chaque fois que reviendra son jour natal : »

En cui tu viridem umbellam, cui succina mittas
Grandia, natalis quoties redit. . . .

« Recevez, dit également Martial, cette ombrelle qui vous garantira d'un soleil trop ar-
dent : »

Accipe quæ nimios vincant umbracula soles.

Si encore, remarque Ovide, ces anniversaires
ne se reproduisaient qu'une fois l'an ! Mais « certaines femmes trouvent moyen de naître chaque
fois que cela entre dans leurs calculs : »

Et quoties opus est, nascitur ipsa sibi.

Sans doute, dit-il, elles ne reçoivent pas tous
cadeaux de même valeur. Seulement, « lors
même que chacun donne peu, le grand nombre

---

1. Ces ombrelles, au dire d'Ovide, étaient faites, comme
les nôtres, « d'étoffes tendues sur de petites baguettes : »

Ipse tene distensa suis umbracula virgis.

fera comme les grains de sable qui finissent par
former un tas considérable : »

. . . . Multi si pauca dederunt,
Postmodo de stipula grandis acervus erit.

Aussi ne peut-il retenir cette exclamation
pleine d'amertume : « Que leur jour natal vous
inspire une sainte horreur ! »

Magna superstitio tibi sit natalis amicæ!

Martial signale le même abus dans une de ses
meilleures épigrammes. « Silva, dit-il, pour
être en droit de réclamer, ou plutôt d'extorquer
quelque cadeau, tu nais jusqu'à huit fois par
an : »

Ut poscas, Silva, munus exigasque,
Uno nasceris octies in anno.

« Aie donc enfin un peu de pudeur et fais
trêve à tes rapines : »

Sit tandem pudor et modus rapinis.

« Si tu continues à te jouer de nous, et qu'il
ne te suffise pas de naître une fois l'an, je fini-

rai, Silva, par croire que tu n'es pas née du tout : »

> Quod si ludis adhuc, semelque nasci
> Uno jam tibi non sat est in anno;
> Natam te, Silva, non semel putabo.

Bien entendu, notre Romaine, de même que toutes les personnes de sa société, serait incapable d'une pareille supercherie. Mais enfin il nous faudra toujours lui offrir le présent de rigueur, à moins cependant que notre titre d'étranger ne nous en dispense. N'oublions pas alors d'insister, comme le veut Ovide, sur le chapitre des compliments. « Quand, dit-il, je ne pouvais payer en cadeaux, je payais en paroles : »

> Quum dare non possem munera, verba dabam.

Ce payement en paroles avait du reste sa valeur et son charme, en ce que presque toujours les poëtes s'inspiraient de ces solennités pour composer quelques morceaux de circonstance dont les invités avaient la primeur. Seulement Ovide leur défendait de les lire eux-mêmes :

> Nec sua non sanus scripta poeta legat.

à cause de leurs manières et surtout de leur mise excentrique, la plupart, par un travers dont beaucoup des nôtres ont hérité, « affectant, dit Horace, de ne se couper ni les ongles ni la barbe : »

Non ungues bona pars, non barbam ponere curat.

La lecture de ces poésies était habituellement confiée à des individus qui en faisaient métier et qui, nous allons le voir, rappelaient tout à fait le type des chanteurs de nos salons.

VI

LECTEURS.

Es lecteurs ou, comme les appelle Martial, ces *récitateurs* n'arrivaient jamais que « la gorge et le cou tout rembourrés de flanelle : »

Qui recitat lana fauces et colla revinctus.

Leur grande préoccupation, en quittant leurs manteaux (*pallium*), était, « pour peu qu'ils fussent en sueur, d'éviter que quelque courant d'air ne surprît leur peau attendrie : »

Sudor inhæreret madida ne veste retentus,
    Et laxam tenuis læderet aura cutem.

Avant de commencer et comme prélude, ils faisaient entendre une petite toux (*tussilat*), puis, l'air penché (*laxa cervice*), l'œil en coulisse (*ocello patranti*), ils débitaient leur morceau « en s'humectant de temps à autre le gosier avec un léger mucilage : »

Mobile colluerit liquido cum plasmate guttur.

« Le comble de l'art (*ars summa*) était de savoir faire valoir, par le charme du débit, les compositions les plus faibles : »

. . . . Carmina lector
Commendat dulci qualiacumque sono.

« Mais, même au fort de la déclamation, il fallait être sobre de gestes : »

Exiguo signet gestu quodcumque loquetur.

Le sujet habituel de ces poésies était l'éloge de celle dont on fêtait la naissance, éloge qu'on faisait suivre des vœux les plus ardents pour son bonheur et sa prospérité. On cite toujours, comme modèle du genre, l'élégie que Tibulle adresse à Marsala et qui se termine par ces mots : « Et toi, jour natal, puissions-nous te célébrer bien des années encore ; reviens plus beau toujours, toujours plus beau : »

At tu, natalis, multos celebranda per annos,
Candidior semper, candidiorque redi.

Ce qui, à la tournure près, rappelle la plus populaire de nos formules du jour de l'an : « Je vous la souhaite bonne et heureuse, accompagnée de plusieurs autres. »

Si la personne n'avait pas d'enfants, on ne manquait pas de lui prédire « qu'après plusieurs anniversaires, elle serait entourée de nombreux rejetons qui formeraient une joyeuse troupe folâtrant à ses pieds : »

Hic veniat natalis avis, prolemque ministret;
Ludat et ante tuos turba novella pedes.

Aujourd'hui encore pareil souhait peut trouver délicatement place dans un compliment.

Ces lectures, fussent-elles médiocres, étaient naturellement suivies des plus vifs applaudissements. C'était de la part des invités un acte de pure courtoisie qui s'adressait autant à celle qui avait ordonné la fête qu'aux poëtes dont la verve, plus ou moins bien inspirée, cherchait ainsi à en accroître et à en varier l'éclat.

Juvénal donne de cet enthousiasme une autre raison encore qui n'est peut-être pas la moindre. « On disposait, dit-il, des affranchis au fond de la salle, afin que leur voix se mêlât bruyamment à celle de l'assistance : »

> Scit dare libertos, extrema in parte sedentes
> Ordinis, et magnas comitum disponere voces.

Au théâtre, les choses se passaient de même, seulement sur une bien plus grande échelle. « Des gens du peuple, raconte Tacite, disposés par brigades, faisaient entendre des applaudissements, d'après des règles et des principes certains. » (*Plebs quidem urbis, theatro divisa in fractiones, personabat certis modis plausuque composito.*)

L'art de la claque (*ars plausûs*) était donc connu à Rome. Ainsi peut se justifier l'épithète de *Romains* par laquelle nous désignons ceux qui, de nos jours, ont de même « l'entreprise des succès dramatiques. »

VII

GATEAUX ET RAFRAICHISSEMENTS.

NTRE les lectures on faisait circuler des gâteaux et des rafraîchissements. Les gâteaux rappelaient assez notre gâteau des Rois : on les nommait *liba*. « N'oubliez pas, dit Ovide, d'indiquer par des liba que c'est votre jour natal : »

Natalem libo testificare juvat.

Ils n'étaient pas non plus sans analogie avec notre pain d'épices, car « il y entrait tout le miel que fabrique l'abeille économe : »

. . . . . Huic uni parca laborat apis.

Certains pâtissiers les réussissaient mieux que d'autres. Il y en avait un surtout (je n'ai pu retrouver son nom) qui « possédait le talent d'en faire de délicieuses pièces montées : »

Mille tibi dulces operum manus ista figuras
Extruet. . . . .

Le caractère symbolique de ces *liba* aggravait singulièrement la faute de l'esclave dont ils auraient tenté la gourmandise. Aussi Juvénal, qui d'ailleurs n'aimait pas les demi-mesures, veut-il « qu'on administre un soufflet vigoureux à celui qui se permettrait d'en *lécher* un seul : »

Nos colaphum incutimus *lambenti* crustula servo.

Quant aux rafraîchissements, c'étaient surtout des sorbets et des glaces (*sorpta et gelata*), « boissons, ajoute-t-il, plus froides encore que le climat des Gètes : »

Frigidior Geticis petitur decocta pruinis.

On les faisait circuler sur des plateaux (*scutella*). « Toutefois, comme le remarque Martial, ce n'est pas la neige elle-même que l'on boit, mais l'eau glacée par la neige ; ainsi nous l'a appris notre soif ingénieuse : »

Non potare nivem, sed aquam potare rigentem
De nive, commenta est ingeniosa sitis.

Et dire que c'est à Néron qu'est due la méthode de *frapper* l'eau à l'aide d'un mélange réfrigérant ! « Il imagina, suivant Pline, d'entourer de neige le verre qui la contenait, se donnant ainsi l'agrément de boire frais, sans redouter les inconvénients de la neige ajoutée à l'eau. »

On ne tarda pas à étendre cette méthode au vin, ainsi que le prouve ce passage de Martial :

Nec nisi per niveam Cæcuba potat aquam.

Aujourd'hui encore, à Rome, on boit tout à la neige qu'on recueille sur les Apennins.

Enfin on profitait de la confusion inséparable de ce va-et-vient des gens de service pour « rallumer, à l'aide du soufre, les bougies éteintes : »

Suscitat extinctas, admoto sulphure, tædas.

VIII

MUSIQUE ET DANSES.

oici les lectures terminées. Je présume que tout ce qu'il y a de jeune dans la salle n'en sera pas fâche, car il est un âge où la poésie n'est pas précisément ce qui amuse le plus. C'est au tour maintenant de la maîtresse de la maison de se mettre en frais d'amabilité. « Il faut, dit Ovide, qu'elle se montre avide de plaire à chacun, et qu'elle fasse tout pour donner de l'éclat à sa soirée : »

Omnibus illa suis maneat studiosa placendi,
Et curam tota mente decoris agat.

Les invités ne sauraient non plus payer trop
de leur personne. « Si vous avez de la voix,
chantez ; si vos membres sont flexibles, dansez ;
ne négligez aucun moyen de plaire : »

> Si vox est, canta, si mollia brachia, salta ;
> Et quacumque potes dote placere, place.

Et, en effet, la musique ainsi que la danse ont
figuré de tous temps et chez tous les peuples en
tête des divertissements. Ovide va en parler en
homme qui s'y connaît.

« Le chant, dit-il, est chose délicieuse. Jeunes
filles, apprenez à chanter : la beauté de la voix
a plus d'une fois tenu lieu d'attraits : »

> Res est blanda canor. Discant cantare puellæ :
> Pro facie multis vox sua lena fuit.

« Répétez tantôt les airs que vous aurez enten-
dus au théâtre, et tantôt des variations adaptées
au rhythme égyptien : »

> Et modo marmoreis referant audita theatris,
> Et modo Niliacis carmina lusa modis.

Cette dernière recommandation semblerait
prouver qu'à Rome, comme chez nous, on pri-

sait surtout la musique étrangère. Martial ne dit-il pas d'un jeune élégant « qu'il fredonne toujours des airs égyptiens ou espagnols? »

Cantica qui Nili, qui Gaditana susurrat.

En tout cas, reprend Ovide, « l'essentiel est d'éviter de chanter faux : »

. . . . Absit symphonia discors.

« Sachez aussi faire vibrer d'une main savante la harpe mélodieuse : »

Disce etiam duplici genialia nablia palma
    Vertere. . . .

« Et parcourir d'un doigt léger les cordes frémissantes de la cithare : »

Et querulas agili percurrere pollice chordas.

« Si, cependant, vous craignez que ce frotte-ment des cordes ne vous fasse venir au pouce quelque cuisante ampoule, que sous votre archet sonore résonne la lyre obéissante : »

Fervida ne trito tibi pollice pustula surgat,
    Exornent docilem garrula plectra lyram.

Notre poëte n'a pas la danse en moindre es-time que la musique. « Qui donc, demande-t-il, pourrait douter que j'exige qu'une jeune fille sache danser? Est-il exercice plus propre à la faire briller à nos yeux? »

Quis dubitat quin scire velim saltare puellam;
Tantum mobilitas illa decoris habet!

Puis il se plaît à applaudir aux plus méritantes, en ayant pour chacune un mot aimable ou flatteur. « Celle-ci, dit-il, charme par son geste et par les mouvements cadencés de ses bras : »

Illa placet gestu, numerosaque brachia ducit.

« Celle-là, dans de molles attitudes, imprime à son corps les courbes les plus gracieuses : »

Hæc tenerum molli torquet ab arte latus.

« Cette autre sait en dansant **agiter** d'une main délicate la castagnette babillarde : »

Hæc quatiet tenera garrula sistra manu.

« Quant aux matrones, dont la gravité rappelle les austères Sabines : »

Aspera quæ visa est rigidas imitata Sabinas;

« Qu'elles regardent! » *Spectent!* Et il jette

ces mots du ton de dédain dont nous dirions :
« Qu'elles fassent tapisserie ! »

Par contre, il gourmande les jeunes gens qui manquent d'animation et d'entrain. « Les simples quadrilles (*coronæ saltantes*) » vous ennuient ? Eh bien ! « Que votre main prenne la taille de votre danseuse et que votre pied touche son pied : »

Velle latus digitis et pede tange pedem.

Il était difficile, ce me semble, de désigner la valse en termes plus clairs.

Ovide termine par ces conseils de haute galanterie : « Admirez ses bras quand elle danse, sa voix quand elle chante et, lorsqu'elle aura cessé, plaignez-vous qu'elle ait trop tôt fini : »

Brachia saltantis, vocem mirare canentis,
Et, quod desierit, verba querentis habe.

Mais il ne fallait pas que cette galanterie fût exclusive et fît oublier certains autres devoirs de société. De là cette réflexion du même poëte, réflexion dont l'à-propos n'a pas vieilli : « Toute femme, dit-il, qu'elle accepte ou qu'elle refuse, aime à ce qu'on l'invite : »

Quæ dant, quæque negant, gaudent tamen esse rogatæ.

— Nous n'avons rien dit de l'orchestre. Il se composait, comme chez nous, d'un groupe de musiciens exécutant des morceaux d'ensemble, dont le rhythme et le mouvement variaient suivant les danses qu'il fallait exécuter. L'instrument dominant était la flûte. « C'est la flûte, dit Ovide, qui chante dans les temples, qui chante dans les jeux, qui chante même aux lugubres funérailles : »

> Cantabat fanis, cantabat tibia ludis,
>   Cantabat mœstis tibia funeribus.

Et, de peur que l'uniformité d'une musique régulière ne finît par tourner à la monotonie, « un nain, tout ramassé sur ses petits membres, promenait de temps en temps ses doigts écourtés sur un flageolet de buis : »

> Nanus et ipse, suos breviter contractus in artus,
>   Jactabat truncas ad cava buxa manus.

Ce nain virtuose ne rappelle-t-il pas un peu les nains bouffons des anciennes cours?

IX

SQUELETTE AUTOMATE.

MALGRÉ l'emploi de tous ces moyens, dont pas un n'avait été négligé par notre héroïne, il y eut cependant un moment où les danses parurent se ralentir et où un coup de fouet (*verbera*) devint nécessaire pour les ranimer. Or voici l'expédient auquel elle eut recours :

A un signal donné, plusieurs esclaves s'avancèrent, servant d'escorte à un squelette d'argent qui semblait marcher seul. Après qu'il eut ainsi traversé plusieurs pièces, il monta sur une estrade et là, à l'aide d'une petite chaînette (*catena*) dont une main invisible faisait mouvoir les ressorts, il prit successivement les poses les plus variées comme les plus naturelles. Un automate de Vaucanson n'eût pas mieux manœuvré. Quand l'assistance fut suffisamment impressionnée, un héraut s'avança et dit d'une voix retentissante : « C'est ainsi que nous serons tous un jour, lorsque nous aurons franchi les sombres bords; vivons donc gaiement, tant que nous en avons le pouvoir : »

> Sic erimus cuncti, postquam nos auferet Orcus;
>   Ergo vivamus, dum licet esse, bene.

Ce petit *speech* terminé, le squelette, quittant tout à coup son attitude digne, se mit à exécuter de burlesques cabrioles, puis sortit de la salle au milieu des rires et des quolibets, qui devinrent le signal de la reprise des danses.

Je doute fort qu'une exhibition de ce genre obtînt un aussi grand succès de gaieté dans nos salons de Paris. Mieux vaudrait encore « Guignol » ou « l'homme à la poupée. »

X

CAUSERIES.

Mais, dans une soirée, tout le monde ne peut pas être ainsi en mouvement. Il est des personnes que leurs goûts, leur position ou seulement leur âge empêcheront de se livrer à des distractions aussi bruyantes. Celles-là se réuniront dans une pièce à part, afin de pouvoir se livrer plus à l'aise au doux passe-temps de la conversation.

Je viens de parler d'âge. Les dames romaines n'aimaient pas beaucoup plus que les nôtres qu'on s'occupât du leur. « Ne vous informez jamais, dit très-sagement Ovide, ni de l'année ni du consulat qui ont vu naître une femme, si déjà surtout elle commence à s'arracher des cheveux gris : »

> Nec quotus annus est, nec quo sit nata require
>   Consule, si albentes jam legit illa comas.

Usez de la même réserve à l'égard des hommes. « Chez les jeunes Césars,

> *La valeur n'attend pas le nombre des années :*
>   Cæsaribus virtus contigit ante diem.

Nous nous demandons, en passant, si l'auteur du Cid ne connaissait pas ce vers; le sien en est la traduction on peut dire littérale.

Les sujets d'entretien ne sauraient, du reste, vous manquer. Surtout « point de discussions, point d'échange de paroles irritantes : »

> Este procul lites, et amaræ prælia linguæ.

« Laissez cela aux gens mariés : c'est le lot des ménages (*merci!*) : »

> Hoc decet uxores : dos est uxoria lites.

N'avez-vous pas la pièce en vogue (*celeber*

ludus), l'acteur en renom (*nobilis actor*) et les débats du forum (*fori lites*)? « N'avez-vous pas également l'arène où de généreux coursiers se disputent le prix de la course? »

Nec te mobilium fugiat certamen equorum.

Les courses, par parenthèse, étaient, comme chez nous, l'occasion de nombreux paris dont le payement ne devait, non plus, jamais se faire attendre. Aussi Ovide veut-il « qu'on s'informe qui a gagné et qu'on dépose à l'instant son enjeu : »

Et quærit, posito pignore, vincat uter.

Si, pour parler de choses qui nous touchent de plus près, l'un de nos confrères vient à se mêler à cette foule élégante et futile, soyez sûr que son entrée ne saurait passer inaperçue. Arrive-t-il tard, prétextant ses occupations, on ne manque pas de dire, avec Plaute, « qu'il était sans doute à remettre une jambe cassée à Esculape et un bras cassé à Apollon : »

Aiunt hunc obligasse crus fractum Æsculapio,
Apollini autem brachium. . . . .

« Ou qu'il prescrivait majestueusement quelque bouillon de canard à un malade : »

Aut digne jussit anatinam ægro parari.

Il paraît qu'à Rome le bouillon de canard correspondait à notre classique bouillon de poulet ou de veau.

En tout cas, il se trouvera nécessairement quelqu'un pour lui adresser cette question du même poëte : « *Quem trucidasti hodie?* » qui s'est transmise intacte jusqu'à nos jours : « Docteur, avez-vous tué beaucoup de monde aujourd'hui? » L'élan ainsi donné, ce sera un feu roulant de plaisanteries dont, je le crains bien, la médecine fera tous les frais. Ouvrons Martial, cette gazette des salons de son temps :

« Andragoras, dit-il, s'est baigné avec nous; il a soupé gaiement et, ce matin, on l'a trouvé mort dans son lit. Vous demandez, Faustinus, ce qui a pu causer cette mort foudroyante? Il aura vu en songe le médecin Hermocrate : »

Lotus nobiscum est ; hilaris cœnavit, et idem
    Inventus mane est mortuus Andragoras.
Tam subitæ mortis causam, Faustine, requiris :
    In somnis medicum viderat Hermocratem.

A la bonne heure! voilà une épigramme des plus piquantes et des mieux tournées. Sans doute c'est le même thème que pour celles qui vont suivre, mais la forme en a rajeuni le fonds; d'ailleurs elle ne manque pas d'une certaine urbanité. Je ne saurais malheureusement en dire autant de la plupart des autres, qui affectent, au contraire, une allure agressive et brutale. Jugez-en par cette apostrophe du même poëte à Cœlius :

Médecin autrefois, aujourd'hui spadassin,
Non, tu n'as pas changé ton métier d'assassin.

Hoplomachus nunc es, fueras ophthalmicus ante;
  Fecisti medicus quod facis hoplomachus.

Martial, ce me semble, nous a accoutumés à des épigrammes saupoudrées d'un sel un peu plus attique. Il paraît toutefois que celle-ci dut être fort goûtée, car il la reproduit, presque aussitôt, avec cette simple variante :

« Diaulus était chirurgien; maintenant il est croque-mort : ses fonctions ne diffèrent guère de ce qu'elles étaient autrefois : »

Chirurgus fuerat, nunc est vespillo Diaulus;
  Cœpit, quo poterat, clinicus esse modo.

Il n'est pas jusqu'à Boileau qui n'ait cru devoir en donner une traduction à sa manière :

Paul, ce grand médecin, l'effroi de son quartier,
Qui causa plus de maux que la peste et la guerre,
Est curé maintenant et met les gens en terre;
Il n'a pas changé de métier.

Voilà donc qui est parfaitement entendu. Ce n'est point la maladie, c'est le médecin qui tue le malade! On ne comprend pas très-bien, tout d'abord, ce que la mort peut avoir en elle qui prête tant à rire, surtout si on suppose, comme on ne manque jamais de le faire, qu'elle est le résultat de l'impéritie ou de l'ignorance. Il faut bien cependant qu'il en soit ainsi, puisque tel a été de tous temps le sujet d'intarissables plaisanteries. Que nos confrères se le tiennent donc pour dit, ou, pour continuer la même image qu'ils en *fassent leur deuil.*

Ils ne se formaliseront pas davantage de rencontrer ces sarcasmes dans la bouche même de ceux qui, enthousiastes hier quand ils réclamaient nos soins, sont dénigrants aujourd'hui que la santé leur est revenue. Pareille versatilité n'a pas de quoi surprendre quiconque connaît le cœur humain. Corneille, qui en avait fait une si profonde étude, disait à propos des sentiments dont la reconnaissance est l'unique base :

Si d'un péril certain la terreur les fait naître,
Avec le péril même on les voit disparaître;
Semblables à ces vœux dans l'orage formés,
Qu'efface un long oubli quand les flots sont calmés.

Mais laissons les causeries aller leur train. Nous savons qu'elles languiraient promptement sans ces espèces de lieux communs qui ont, de tout temps, défrayé les salons, en fournissant de l'esprit à ceux qui n'en ont pas. D'ailleurs quoi de plus innocent, en définitive, que ces épi-grammes ! Leur seul crime, si c'en est un, est leur banale uniformité. Sans donc nous y arrêter plus longtemps, nous pénétrerons dans le compartiment où se trouvent les jeux.

XI

JEUX.

Dans une magnifique pièce, un peu isolée des autres, ont été dressées de
nombreuses tables. Là règne un calme
plus apparent que réel, chacun semblant faire
de son mieux pour mettre en pratique ce précepte d'Ovide : « Le grand mérite consiste moins
à conduire habilement son jeu, qu'à rester
maître de ses impressions : »

Sed minimus labor est sapienter jactibus uti ;
    Majus opus mores composuisse suos.

Et cet autre : « Évitez surtout les querelles

qu'engendre le jeu, et ne soyez pas trop prompt
à vous emporter : »

> Jurgia præcipue ludo stimulata caveto,
>   Et nimium faciles ad fera bella manus.

Mais, si nous étudions les physionomies de
plus près, nous reconnaîtrons avec le poëte que
« souvent un visage silencieux porte en soi des
semences de haine : »

> Sæpe tacens odii semina vultus habet.

Par instants, « les yeux lancent des éclairs
plus terribles que le feu de la Gorgone : »

> Lumina Gorgoneo sævius igne micant.

Parfois même, « on voit des larmes de rage
couler le long des joues : »

> Et lacrymis vidi sæpe madere genas.

Il est une autre remarque qui appartient également à Ovide, mais dont la justesse est plus
contestable, c'est qu'en général « les femmes
dissimulent mieux au jeu que les hommes : »

> Vir male dissimulat ; tectius illa cupit.

Chose heureuse pour elles, car, ajoute-t-il, « rien ne nuit à la beauté comme de ne pas savoir réprimer son dépit : »

Pertinet ad faciem rabidos compescere mores.

Nous allons donc assister à des parties très-sérieusement engagées. Il y a trois jeux principaux : les échecs, les osselets et les dés. Il y a bien encore le « pair ou non » (*micatio*), et « les noix » (*nuces*). « A ces petits jeux, dit Martial, on est du moins sûr de ne pas se ruiner : »

Alea parva nuces et non damnosa videntur.

Mais ne nous occupons que des grands. Il va nous être d'autant plus facile d'en comprendre le mécanisme, que notre manière actuelle de les jouer s'en rapproche beaucoup.

On se servait pour les échecs de pièces de couleurs différentes, qui étaient censées représenter autant de brigands (d'où le nom de *ludus latronum*), divisés en deux groupes se disputant un point fortifié. Ces pièces étaient de cristal ou de verre ; quelquefois on les figurait par des pierres précieuses. « Si vous aimez, dit Martial, les ruses

et les combats des échecs, une pierre vous tiendra lieu de défenseur èt d'ennemi : »

Insidiosorum si ludis bella latronum,
Gemmeus iste tibi miles et hostis erit.

Le champ de bataille était, comme nos échi-
quiers, un carré divisé en casiers alternativement
blancs et noirs. La principale manœuvre consistait à « emprisonner entre deux pions le pion de
son adversaire, qui alors était pris : »

Unus cum gemino calculus hoste perit.

Mais il était de bon goût, quand on jouait
contre une femme, de se laisser battre par elle :

Fac pereat vitreo miles ab hoste tuus.

Les osselets (*astragali*) provenaient, comme
les nôtres, de l'os du paturon de certains animaux ; on employait aussi, au lieu de l'os lui-
même, des imitations en pierre et en bronze. Ce
jeu consistait, comme aujourd'hui, à les lancer
en l'air et à en recueillir le plus possible sur le
dos de la main. Quelquefois leurs facettes étaient
ponctuées ; c'était une combinaison de plus

qui prêtait aux paris, et à laquelle on pouvait perdre de très-fortes sommes.

Quant aux dés, c'était le grand jeu, le jeu aux émotions, celui dont un de nos poëtes a dit que tout joueur

Voit sa vie ou sa mort sortir de son cornet.

A Rome aussi, le cornet était d'un usage à peu près constant. « Il sert, dit Juvénal, à mouvoir et à lancer ces petits projectiles : »

Sic ludit parvoque eadem movet arma fritillo.

Ces dés ne différaient non plus en rien des nôtres. Même forme cubique, même division par points et même manière de les compter : seulement on jouait avec trois dés au lieu de deux. Six partout faisaient gagner ; c'était le « coup de Vénus. » As partout faisait perdre ; c'était le « coup du chien. »

« Toute ma préoccupation, dit Perse, était de savoir combien me coûterait le coup du chien : »

Scire erat in voto damnosa canicula quantum
Raderet. . . .

Et Properce :

Je demandais aux dieux l'heureux coup de Vénus,
Il m'arrivait toujours le maudit coup du chien.

Me quoque per talos Venerem quærente secundos,
    Semper damnosi subsiluere canes.

Le coup du chien ! Parfois aussi vous entendrez nos joueurs malheureux murmurer entre leurs dents : « Quel chien de coup ! » Je n'oserais néanmoins y voir une sorte d'écho de leurs anciens compagnons d'infortune de Rome.

Toujours est-il que Plaute défend très-sagement de jamais plaisanter un joueur, « de peur, dit-il, que la moutarde ne lui monte au nez; » *Hic homo sinapi victitat* (mot à mot : cet homme se nourrit de moutarde).

Si, de tout temps, le jeu a éveillé les mêmes passions et parlé le même langage, de tout temps aussi il a produit les mêmes entraînements. Combien d'exemples viennent confirmer, chaque jour, cette remarque d'Ovide que « quiconque a perdu ne cesse de perdre, l'espoir du gain ramenant sans cesse les dés sous ses mains fiévreuses ! »

Sic qui perdiderit non cessat perdere lusor,
    Et revocat cupidas alea sæpe manus.

Quel joueur, non plus, n'a pas été superstitieux ? « Chacun, continue le poëte, maudit la fatalité dont il se croit poursuivi : »

Invocat iratos et sibi quisque deos.

« On n'a plus foi en rien ; on exige absolument d'autres jeux : »

Nulla fides, tabulæque novæ per vota petuntur.

N'est-ce pas là l'histoire de nos perdants, alors qu'ils accusent la *veine,* qu'ils demandent qu'on change de places et de cartes, ou qu'ils se disputent la charnière ?

Mais enfin, tout jusqu'ici s'est borné, chez notre Romaine, à quelques propos ou à quelques gestes plus ou moins vifs ; il n'y a pas eu à vrai dire d'éclat. Pourquoi donc ce tumulte et ces clameurs qui viennent de s'élever dans toute une partie de la salle et dont chacun s'émeut ? « On s'invective, dit Ovide ; l'air retentit de provocations furieuses ; ce sont des luttes, des rixes et des exclamations de douleur : »

Crimina dicuntur ; resonat clamoribus æther ;
Jurgiaque et rixæ sollicitusque dolor.

11

« La colère gonfle les visages, et y fait affluer un sang noir : »

Ora tument ira; nigrescunt sanguine venæ.

« La table où l'on jouait a même été culbutée sens dessus dessous, les pieds en l'air : »

Recidit inque suos mensa supina pedes.

Enfin les mots qui dominent sont ceux de voleur et d'escroc. Que s'est-il donc passé? Le voici.

XII

UN GREC.

ARMI cette société d'élite, où l'on croyait
s'être si bien conformé au précepte de
rigueur de « fermer sa porte à tout individu suspect : »

Janua fallaci non sit aperta viro,

un grec s'est glissé. Il eût été difficile de ne
pas s'y laisser prendre, car, dit Ovide, « c'est
peut-être, de tous les invités, celui qui a les
meilleures façons : »

Forsitan ex horum numero est cultissimus ille.

La description qu'il en donne s'appliquerait

parfaitement aux grecs de nos salons. « Défiez-vous, dit-il, de ces hommes dont la chevelure est toute parfumée d'un nard liquide, et dont une ceinture dessine la taille amincie : »

Nec coma vos fallat liquido nitidissima nardo,
   Nec brevis in rugas cingula pressa suas.

« Ne vous laissez tromper non plus, ni par l'étoffe si fine de leur tunique, ni par les nombreux anneaux dont ils couvrent leurs doigts : »

Nec toga decipiat filo tenuissima, nec si
   Annulus in digitis alter et alter erit.

« Beaucoup s'insinuent près des femmes, sous les dehors d'un amour mensonger : »

Sunt qui mendaci specie grassentur amoris.

« Ce qu'ils vous disent, ils l'ont dit déjà mille fois à d'autres; leurs protestations ne reposent sur aucun sentiment stable : »

Quod vobis dicunt, dixerunt mille puellis;
   Errat et in nulla sede moratur amor.

En un mot, « ce sont des grecs! Leurs soupirs ne s'adressent qu'à votre bourse : »

Fures! Uruntur vestis amore tui.

Ne semble-t-il pas entendre Molière parler des « beaux yeux » de la cassette d'Harpagon?

Toujours est-il que le personnage dont il s'agit « avait un talent tout particulier pour faire sortir les dés qui lui plaisaient : »

Scit bene compositos manus improba mittere talos.

D'abord, il avait feint de perdre, « en amenant à plusieurs reprises le coup du chien : »

Damnosi faciens stent sibi sæpe canes.

Puis, une fois la confiance établie, il avait réalisé des bénéfices énormes (*magnam pecuniam*), mais pas assez habilement cependant pour qu'on ne s'aperçût pas enfin qu'il se servait de dés pipés[1]. C'est alors qu'avait éclaté l'orage au milieu duquel nous avons distingué ces cris : « *Rends-nous notre argent!* poussés par les jeunes victimes qu'il avait dépouillées : »

Redde meum! clamant spoliatæ sæpe juvencæ.

1. Les *Grecs* connaissaient aussi « l'art d'endormir leurs partenaires en ajoutant certaines drogues à leurs boissons : »

.Sunt quoque quæ faciunt altos medicamina somnos.

Il va sans dire qu'après un pareil esclandre, il n'y avait plus de soirée possible : aussi les salons furent-ils déserts en un instant. Mais patience. Un bon procès s'ensuivra ; les avocats s'en mêleront, et bientôt les mêmes clameurs : « *Rends-nous notre argent!* feront retentir tous les échos du palais : »

Redde meum ! toto voce boante foro.

COSMÉTIQUES

D'UNE PARISIENNE

AU DIX-NEUVIÈME SIÈCLE

COSMÉTIQUES

D'UNE PARISIENNE

AU DIX-NEUVIÈME SIÈCLE.

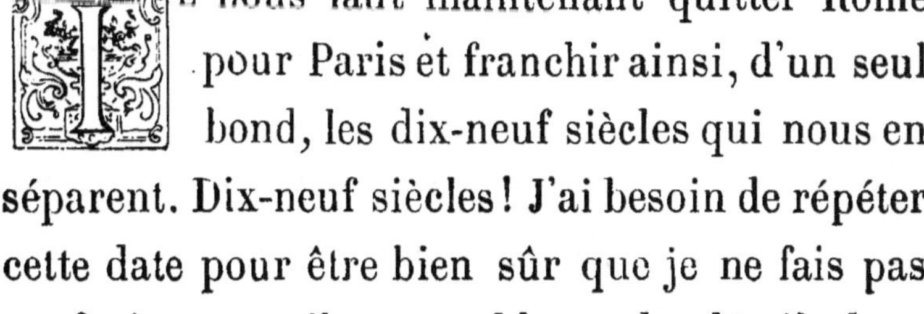

PARIS ET ROME.

Iʟ nous faut maintenant quitter Rome pour Paris et franchir ainsi, d'un seul bond, les dix-neuf siècles qui nous en séparent. Dix-neuf siècles! J'ai besoin de répéter cette date pour être bien sûr que je ne fais pas confusion, tant il me semble que les détails dans lesquels nous venons d'entrer ne sont qu'une page détachée de notre histoire contemporaine. En quoi, en effet, une élégante de nos jours diffère-t-elle d'une élégante de l'ancienne Rome? Ne sont-ce pas les mêmes manœuvres quand il s'agit de tromper? Ne sont-ce pas les mêmes ressources quand il s'agit de plaire? De part et d'autre même fièvre de rajeunissement et, pour parvenir au même but, même mise à contribution des divers règnes de la nature. Il y a cependant cette différence que les cosmétiques dont se servait notre Romaine étaient, en général, plus inoffensifs que les nôtres. Cela se comprend. La chimie n'existant pas encore à l'état de science, les substances utilisées s'écartaient peu de leur composition élémentaire, et avaient par suite une activité moindre que les principes essentiels que nous savons maintenant en isoler. Qui ne sait que les poisons sont beaucoup moins l'œuvre du Créateur qu'ils ne sont un produit de l'art?

Toutefois, nous l'avons vu, les préparations d'alors étaient loin également d'être exemptes d'inconvénients. C'est au point que le mot « poison » est souvent employé comme synonyme du

mot « cosmétique ; » témoin ce passage d'O-
·vide, qui clora nos citations : « Évitez d'être là,
quand elle prépare les *poisons* destinés à son
visage : »

Absis, cum positis sua collinet ora *venenis*.

Si nous n'avons pas consacré aux dangers pouvant résulter de leur emploi une attention plus
spéciale, c'est qu'une semblable étude nous eût
offert un intérêt purement rétrospectif ; c'est surtout que nous manquons de données suffisantes
sur la composition exacte des recettes de cette
époque.

Aujourd'hui, au contraire, que l'attention est
dirigée, non sans une certaine anxiété, vers les
grands problèmes d'hygiène, cette étude est
de toutes la plus actuelle, et il n'est personne
qui n'en comprenne l'importance ; ajoutons que,
grâce à l'intervention des analyses, la parfumerie, le voulût-elle, ne saurait plus avoir
pour nous ni mystères ni arcanes. Nous croyons
donc être tout à fait en mesure de justifier le
titre de notre travail, en fournissant sur les
« Cosmétiques d'une Parisienne » au dix-neu-

vième siècle des renseignements puisés aux sources les meilleures et les plus modernes.

Les détails dans lesquels nous venons d'entrer à propos de la toilette d'une Romaine, prêteront nécessairement à plus d'un rapprochement entre nos deux héroïnes. C'est même dans le but de les faciliter que nous allons suivre pour la seconde l'ordre adopté pour la première, c'est-à-dire que nous passerons successivement en revue les diverses préparations qui servent d'habitude à ses usages. Seulement, comme nous tenons par-dessus tout à ce que notre œuvre soit pour elle d'une utilité pratique, nous appellerons plus particulièrement son attention sur celles de ces préparations dont l'emploi ou l'abus peut avoir des conséquences fâcheuses pour la santé.

Disons d'abord un mot des odeurs. Les odeurs, en même temps qu'elles constituent l'élément essentiel de tout cosmétique, exercent par elles-mêmes une action propre qu'on ne saurait ni méconnaître ni dédaigner.

ODEURS.

Notre Parisienne affectionne les odeurs. Qu'elle ne s'en défende pas : c'est un goût tellement général que l'histoire des parfums, ne fût-ce qu'à cause de leur caractère symbolique, se lie intimement à celle de l'humanité. Ainsi Moïse énumère avec soin ceux qui doivent remplir et embaumer le tabernacle ; parmi les présents que les rois mages vinrent déposer près du berceau de Bethléem, figurent la myrrhe et l'oliban ; c'est avec le nard le plus précieux que la Madeleine arrosa les pieds du Messie ; enfin l'encens fume aujourd'hui, comme autrefois, dans le sanctuaire de nos temples.

Mais quittons ce terrain qui n'est point le nôtre et qui, d'ailleurs, concorderait mal avec la nature sinon légère du moins profane de notre sujet.

Je disais donc que le goût des odeurs est un goût universellement répandu. A Rome, les plafonds s'ouvraient au milieu des festins pour répandre sur les convives une rosée de parfums et, dans les sanglants combats du Cirque, des cassolettes, habilement distribuées par étages, préservaient les spectateurs des âcres et fauves émanations de l'arène.

Chose singulière! Les hommes ne sont pas moins accessibles que les femmes à ce genre de volupté, ceux-là précisément qui sembleraient devoir en être le plus affranchis. Citons quelques faits. Sylla, dans la pièce même où il signait ses listes de proscription, se délectait de l'odeur des aromates ; Pompée, jusque dans son camp, ne buvait que des vins ambrés ; Marc-Antoine demanda en mourant qu'on le couvrît de roses ; Charlemagne faisait arroser les murs de son palais avec des eaux de senteur ; enfin Napoléon lui-même s'inondait tous les matins le cou et les épaules d'un flacon d'eau de Cologne, et l'absence de ce cosmétique ne fut pas une de ses moindres privations de Sainte-Hélène. Louis XIV, il est vrai, avait pour toute espèce d'odeurs une répugnance invincible. Cette répugnance était même poussée si loin qu'une princesse de la cour s'étant trouvée mal en sa présence, on l'emporta évanouie, sans oser lui faire respirer des sels. Mais son petit-fils prit, à cet égard, une telle revanche, que sa cour reçut le nom de « cour parfumée. »

Notre héroïne est donc bien excusable d'imprégner son linge et un peu sa personne des essences les plus suaves. Sans doute il faut savoir choisir comme quantité et comme espèces; mais rapportez-vous-en à elle de ce soin. Sous ce rapport, comme sous beaucoup d'autres, elle est bien plus en mesure de donner des leçons que d'en recevoir.

Je crois cependant utile de la prévenir qu'il est certaines odeurs dont elle devra tout spécialement se défier; telle est celle des amandes amères, qui est due à l'acide prussique, le plus terrible comme le plus pénétrant des poisons.

Toutefois on ne saurait méconnaître que, pour tout ce qui est odeur, le degré d'impressionnabilité ne varie suivant les individus. Voyez ce qui se passe pour le chloroforme. Il est des personnes que quelques inhalations suffisent pour endormir, tandis que d'autres le respireront pendant plusieurs minutes sans en éprouver même un commencement de somnolence.

Il ne faudrait pas non plus qu'une assimilation exagérée vous fît attribuer à l'odeur, isolée de la plante, les dangers qu'elle peut offrir quand elle en fait partie, toute plante, en plus de son odeur, étant un foyer d'exhalaisons plus ou moins redoutables. Qu'il me suffise de rappeler l'expérience si connue qui consiste à placer, le soir, plusieurs roses privées de leurs feuilles, sous une cloche de verre close hermétiquement. Pendant la nuit, ces roses absorbent l'oxygène de l'air contenu dans la cloche, et rendent en échange de l'acide carbonique; de telle sorte que si, le lendemain, on en approche une bougie allumée, elle s'éteint. Ainsi s'explique comment certaines fleurs oubliées dans une chambre à coucher ont pu causer des maux de tête, des nausées, des vertiges et même quelquefois la mort[1]. Or je ne sache pas que jamais pot de pommade, quel que fût son arome, ait été accusé de semblables méfaits.

On ne saurait nier, cependant, que l'abus des parfums ne jette l'esprit et le corps dans une sorte d'alanguissement, en même temps qu'il éveille les appétits érotiques. La science des philtres et des liqueurs ambrosiaques ne fut autre, à Rome, que l'art de faire entrer certains aromes dans certains breuvages. Ils ne l'ignorent pas non plus ces Asiatiques qui, pour engourdir la femme dans l'esclavage du harem, l'entourent d'une atmosphère toute imprégnée de voluptueuses effluves. Rappellerai-je que la cour parfumée de Louis XV fut, entre toutes, une cour efféminée?

Ces caractères énervants sont surtout le

---

1. Pendant le dernier voyage que Magendie fit à Londres, une dame, bien portante habituellement, fut trouvée un matin morte dans son lit. L'autopsie n'ayant révélé aucune lésion, il parut constant qu'elle avait succombé à un empoisonnement produit par un gros bouquet de fleurs de lis qu'elle avait placé, la veille, sur la cheminée de sa chambre, laquelle chambre était très-basse et fort petite.

propre des odeurs fines ou un peu fades, telles que celles de la rose, du lis, du jasmin et de la tubéreuse; n'oublions pas la muscade, qui valut aux *roués* du Directoire l'épithète qui leur a survécu. Quant aux odeurs aromatiques et fortes, telles que celles qu'on retire de la lavande, du thym, de la menthe et de la verveine, elles ont plutôt quelque chose qui ranime et qui restaure : un degré de plus, et elles pourront devenir un stimulant efficace du cerveau. C'est ainsi qu'il suffira de faire respirer de l'acide acétique (*sel anglais*) ou de l'ammoniaque (*alcali volatil*), pour prévenir ou dissiper un évanouissement.

Tâchons donc de ne point trop médire des odeurs, et surtout évitons de nous montrer trop sévères pour les femmes qui s'en permettent la jouissance inoffensive. Quand, dans Homère, les déesses quittent l'Olympe pour venir se mêler aux mortels, on reconnaît la trace de leur passage à la suavité de l'arome qu'elles laissent après elles. N'en est-il pas un peu de même de la femme comme il faut qui se rend en visite ou en soirée? Et la délicatesse du parfum n'est-elle pas déjà une sorte d'indice de la noblesse de sa condition ? Ce n'est pas dans ce monde-là, soyez-en sûr, qu'on abuse du musc et du patchouly. Mais, vous, qui faites tant le dédaigneux et l'impressionnable à l'endroit des odeurs, êtes-vous donc sûr de n'avoir rien non plus à vous faire pardonner, soit pour le cigare, soit même, hélas ! pour la pipe?

Sortons maintenant de ces généralités pour voir notre héroïne à l'œuvre. Il va nous falloir pour cela étudier l'un après l'autre les divers cosmétiques de la *peau*, de la *bouche*, de la *face* et de la *chevelure* dont elle affectionne plus particulièrement l'usage. De là autant de divisions de notre travail.

Mais je tiens à ce qu'il soit tout d'abord parfaitement compris que, dans cette étude, je n'aurai jamais en vue, même sous forme d'allusion, aucun produit spécial ni aucune maison quelconque de parfumerie.

COSMÉTIQUES

DE LA PEAU.

A peau n'est pas seulement cette enveloppe protectrice de tout notre corps
que distinguent la finesse de son tissu
et l'heureuse diversité de ses nuances; elle est,
de plus, un appareil chargé d'éliminer certains
principes et d'en absorber certains autres, dans
des proportions dont le juste équilibre constitue
la santé. C'est par l'intermédiaire des milliers de
petites ouvertures dont elle est criblée et que l'on
appelle *pores*, que s'opère cette double et délicate
fonction. On ne saurait donc veiller avec trop de
soin à ce que la surface de la peau soit toujours

nette et toujours lisse, tout obstacle apporté à sa perméabilité pouvant devenir l'occasion de troubles plus ou moins grands. Je citerai, comme preuve, l'expérience suivante que j'ai répétée nombre de fois avec Magendie, à l'époque où je publiais son cours au Collége de France.

Nous revêtîmes le corps de lapins et autres animaux d'un enduit visqueux, tel qu'une dissolution concentrée de gomme, de gélatine ou de térébenthine. Ces substances, fort innocentes de leur nature, agglutinaient les poils et, en se desséchant, emprisonnaient l'animal tout entier, moins sa face, dans une coque imperméable. Par ce procédé, les mouvements de la poitrine et le jeu des principaux organes n'éprouvaient point d'entraves: la peau seule ne communiquait plus avec l'atmosphère. Ces animaux moururent, en peu d'heures, comme s'ils étaient asphyxiés.

Pour être bien sûrs que nous ne nous méprenions pas sur les causes de ces accidents, nous substituâmes aux enduits de petits costumes, et, qu'on me pardonne l'expression, de véritables *dominos* d'étoffes imperméables dites de caoutchouc, qui nous servirent à habiller d'autres animaux, de manière à intercepter de même tout accès de l'air extérieur. Ces animaux s'en trouvèrent également très-mal; quelques-uns même finirent aussi par succomber. Ajoutons que tous, dans cette expérience comme dans la précédente, éprouvèrent un abaissement très-marqué de leur température normale.

Ainsi, dès l'instant où les fonctions perspiratoires de la peau sont troublées ou suspendues par l'oblitération de ses pores, toute l'économie s'en ressent. Notre héroïne est donc parfaitement dans son droit en faisant intervenir les cosmétiques appropriés, ne fût-ce que pour éviter le sort des lapins de Magendie.

I

SAVON.

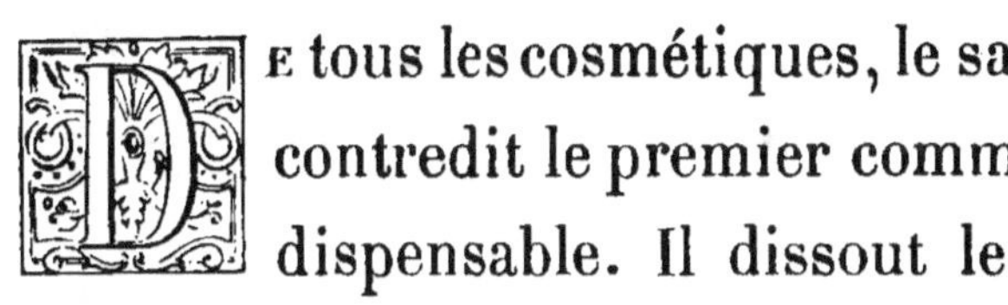E tous les cosmétiques, le savon est sans contredit le premier comme le plus indispensable. Il dissout les substances provenant, soit de la peau elle-même, soit du dehors, qui la salissent et qui, pour la plupart, sont insolubles dans l'eau pure. Son emploi ne saurait donc être remplacé par rien.

Nous avons vu qu'il entrait également dans la toilette de notre Romaine; seulement, au lieu de cette pâte moelleuse et fine qui distingue nos produits actuels, c'était un grossier mélange de graisse de chevreau et de cendres

de hêtre. On ne savait pas encore extraire de
ces cendres le principe alcalin qui, seul, en
constitue la partie saponifiable et il y avait
entre ces deux savons toute la distance qui sé-
pare le pain blanc du pain de munition.

Nous avons vu aussi que le savon en usage
à Rome était mou ou semi-liquide. C'est que
l'alcali contenu dans les cendres est de la
potasse, et qu'avec de la potasse on ne peut
faire que des savons sans consistance. Le nôtre
est dur, parce qu'au lieu de potasse nous em-
ployons la soude. Quand nous voulons obtenir
des savons mous, ce qu'on appelle de la *crème*,
de la *mousse* de savon, à la soude nous substi-
tuons la potasse.

Ce fut, assure-t-on, un Marseillais qui, vers
la fin du moyen âge, découvrit, qu'il suffisait
de mettre un corps gras en contact avec un sel
alcalin, pour obtenir un composé soluble dans
l'eau et parfaitement apte à nettoyer les étoffes[1].

1. Quand, pour enlever une tache de graisse d'une étoffe,
vous employez une eau dite « à détacher, » vous faites un
savon, cette eau contenant toujours quelque sel alcalin qui,
de même que dans le procédé découvert par notre Marseillais, se combine avec le corps gras et le rend soluble.

Or, des étoffes à la peau la transition était facile. L'histoire n'a pas conservé le nom de ce
bienfaiteur de l'humanité, car c'en fut un, tout
ce qui rend la propreté accessible à tous contribuant puissamment à l'entretien de la santé;
mais soyez sûr que, par un sort commun aux
inventeurs, il aura vécu pauvre et sera mort
ignoré de ceux-là mêmes à qui il léguait ainsi
toute une source de richesses incalculables.

Aujourd'hui, la science des savons, bien que
reposant sur la même base, s'est tellement mo-
difiée qu'elle semble avoir atteint ses dernières
limites de perfectionnement. Malheureusement le
progrès a, comme toujours, engendré la fraude.

Notre héroïne, par exemple, n'est pas sans
avoir remarqué que certains savons laissent
après eux une sensation douce et veloutée,
d'autres, au contraire, une sensation âpre et
sèche. Il va sans dire que je mets hors de cause
ici ces savons « ponces » et autres du même
genre qui, par les poudres qu'on y incorpore,
agissent à la manière d'une lime ou d'une râpe.
Je veux parler seulement de ceux qu'on appelle
d'habitude « savons de toilette. » Or, ces diffé-

rences dans la sensation qu'ils déterminent tiennent à des artifices de fabrication. Dans le premier cas, on a poussé l'ébullition assez loin pour faire disparaître de la pâte toute trace d'élément caustique : ce sont les savons *à chaud*. Dans le second, on s'est maintenu à une température presque basse, quitte à laisser dans la pâte un excès de causticité : ce sont les savons *à froid*. Les premiers offrent seuls les qualités désirables. Quant aux seconds, ils brûlent les mains ou du moins leur communiquent cette teinte rougeâtre[1], cachet de nos cuisinières mais effroi de nos élégantes : il est vrai que, comme compensation, ils accroissent dans une proportion considérable les bénéfices du vendeur.

Le choix d'un bon savon, d'un savon réellement hygiénique, est donc chose très-sujette à caution. Ce qui ajoute encore ici à la difficulté, c'est qu'il n'existe aucun caractère extérieur qui permette de distinguer, à première vue, un savon à chaud d'un savon à froid : ce n'est, à vrai

---

1. Employés pour la barbe, ces savons à froid déterminent le plus souvent ces rougeurs et ces éruptions de la face, désignées communément sous le nom de « feu du rasoir. »

dire, qu'à l'usé, par conséquent quand il est déjà trop tard, qu'on sait à quoi s'en tenir sur leur composition respective. Voici cependant quelques signes auxquels vous pourrez reconnaître qu'un savon est de bonne qualité.

Sa pâte est d'une homogénéité parfaite. Mis dans l'eau, la dissolution ne pénètre pas au delà de sa surface. La mousse qu'il forme est onctueuse; elle persiste assez longtemps et fond sans laisser de résidu grumeleux sur la peau. Exposé à l'air, il sèche un peu lentement mais bien, et conserve jusqu'à la fin toute la suavité de son parfum.

Ce qui a toujours confondu notre héroïne, c'est de rencontrer des savons caustiques parmi ceux dont les noms, empruntés aux plantes les mieux famées (mauve, guimauve, laitue, thridace, etc.), portent en quelque sorte avec eux leur certificat d'onctuosité. Ne semble-t-il pas que ces savons devraient recevoir du végétal qui leur abandonne ainsi ses sucs, quelques-unes de ses qualités les plus essentielles? Cela serait vrai si ces sucs y existaient réellement, ou du moins s'y trouvaient en proportion quelque peu respectable; mais presque toujours, au contraire, ce sont autant de mythes, absolument comme le miel dont le nom figure de même sur des savons qui n'en renferment pas un atome[1]. Ce qui n'empêche pas qu'il n'y en ait dans le nombre d'excellents : seulement, pour les savons comme un peu pour tout, ce n'est jamais à l'étiquette seule qu'il faut s'en rapporter.

Surtout n'allez pas, en désespoir de cause, faire venir vos approvisionnements de l'Angleterre, les savons dits « de Windsor » qui, sous forme de *pains* ou de *barres*, ont, depuis le traité de libre échange, littéralement inondé nos marchés, étant pour la plupart préparés à froid. Aussi commence-t-on à revenir de l'engouement irréfléchi que leur avait valu leur titre, toujours si apprécié en France, de produit étranger.

Il n'est pas jusqu'à la couleur du savon qui ne doive parfois vous inspirer quelque dé-

---

1. Non, pas un atome. Lisez plutôt la recette de ce savon, telle que la donne le *Manuel du Parfumeur* : « On prend : savon brun, essence d'aspic, de thym blanc, de fenouille, de lavande, de girofle et de romarin; puis on fait fondre le tout au bain-marie. » Ainsi, voilà un savon au miel qui, préparé selon les règles, contient de tout, excepté du miel!

fiance. Beaucoup de personnes, et en particulier les femmes, ont une préférence marquée pour les savons roses. Cela s'explique, ces savons ayant quelque chose de suave, je dirais presque quelque chose de jeune, qui plaît et qui flatte. Mais si la rose leur abandonne ainsi de son parfum, n'allez pas croire que ce soit elle également qui leur communique leur couleur. Non ; cette couleur ils la doivent au vermillon, c'est-à-dire à un sel de mercure. Sachez encore que c'est le vermillon qui colore de même en rose les savons légers pour bain. Chaque fois donc qu'on fait sa toilette avec ces savons ou qu'on les mélange à l'eau de la baignoire, on s'administre le plus innocemment du monde une double lotion mercurielle. Il y a certainement là matière à réflexion.

On dit à cela que la proportion de mercure contenue dans ces savons est trop minime pour pouvoir sérieusement nuire. Mais qu'en savez-vous ? L'agent vénéneux se trouve précisément dans les conditions les plus favorables pour être absorbé, puisque, par le fait des lavages auxquels il contribue, les pores sont plus largement ouverts. Nul doute, par conséquent, qu'il n'en pénètre dans l'économie. Reste donc la question de quantité. Or, quand on se rappelle combien certaines organisations sont impressionnables[1] au terrible métal, on ne peut se défendre d'une appréhension qui, pour celles-là du moins, ne saurait être tout à fait sans fondement.

Mais on se garde bien de vous donner l'éveil. Croyez-vous, par exemple, que si, au lieu d'intituler ces savons : « savons à la rose, » on les intitulait : « savons au mercure, » ce qui serait tout aussi exact, car il n'y a pas de raison pour prendre l'odeur comme caractéristique plutôt que la couleur ; croyez-vous, dis-je, que votre enthousiasme à leur endroit ne serait pas singulièrement refroidi ?

Ceux de nos parfumeurs à qui j'en ai parlé m'ont tous fait à peu près la même réponse. S'ils se servent ainsi de sels métalliques, c'est, disent-ils, parce que les alcalis et les essences qui entrent dans la confection des savons atta-

---

1. On a cité et j'ai vu des personnes chez lesquelles il suffisait d'une seule cautérisation avec le proto-nitrate acide de mercure pour amener une salivation immédiate.

quent les teintures végétales et les décomposent. Cela est vrai. Mais alors pourquoi, parmi ces sels, ne pas en choisir qui ne soient point vénéneux? Lorsque, pour faire mieux croire que leurs savons renferment le suc des plantes dont ils leur donnent si arbitrairement les noms, ils les teignent en vert, — ce qui n'est déjà pas une ruse des plus édifiantes, — ils savent bien employer le sesqui-oxyde de chrome, qui a du moins le mérite de ne pouvoir nuire. Qu'ils s'évertuent de même à trouver, pour les savons roses, quelque teinture inoffensive ou, à son défaut, qu'ils renoncent à cette couleur.

Or, notez qu'ici, comme pour tout ce qui va suivre, je ne veux parler que de la parfumerie fine, c'est-à-dire de celle qui sort de nos meilleures maisons et dont on fait usage dans le meilleur monde. Que serait-ce si j'avais à m'occuper de ces abominables cosmétiques que colportent dans nos faubourgs et surtout dans nos campagnes les marchands forains?

II

PATE D'AMANDES ET CITRON.

C E sont de petits cosmétiques tellement anodins que j'hésite presque à leur accorder une simple mention.

L'habitude qu'a notre Parisienne de terminer sa toilette des mains par un peu de pâte d'amandes repose sur une observation assez juste. Il est de remarque, en effet, que quand la peau a été trop complétement privée de son onctuosité naturelle, ce qui arrive surtout par l'emploi des savons à froid, elle se dessèche facilement à l'air, et acquiert quelque chose d'un peu rude. La pâte d'amandes obvie à cet inconvénient en abandonnant de son albumine végétale. Sous Charles VII, les dames de la cour se servaient, dans le même but, de *gants gras* intérieurement; elles y renoncèrent après la mort d'Agnès Sorel, qu'on avait attribuée à un empoisonnement causé par ces gants.

La véritable pâte d'amandes n'est autre que l'amande elle-même, finement pulvérisée, dont on a extrait en grande partie l'huile essentielle : mais presque toujours celle qui se débite dans le commerce est sophistiquée. Rien n'est rare comme d'en rencontrer de pure.

C'est pendant les grands froids comme pendant les grandes chaleurs qu'il peut être utile d'y avoir recours, les températures extrêmes ayant pour même résultat de vivement saisir la peau et de la gercer. Bien entendu toute autre substance, pourvu qu'elle soit grasse, pourra sans désavantage être substituée à la pâte d'amandes. Les habitants du Nord, obligés de lutter contre les rigueurs de leur climat, ont en grande estime le suif, qui leur coûte très-peu cher; les mêmes raisons économiques font que les Hottentots et les Cafres, sous leur ciel embrasé, préfèrent l'huile de palme; seulement plus cette huile est rance, mieux elle les protége contre la piqûre insupportable des moustiques qui en redoutent la fétidité. Nos élégantes, ayant moins d'ennemis à combattre, y mettent nécessairement plus de mesure; si, en outre, elles choisissent des cosmétiques moins accentués, c'est qu'elles n'ont pas tout à. fait les mêmes idées que ces peuples sur les odeurs.

Je les approuve également de se frictionner les ongles avec du suc de citron : sa légère acidité en met en relief la transparence, et fait mieux ressortir la teinte rose des chairs qui les supportent. Les femmes de l'Orient remplacent le citron par le henné (hacopher des Hébreux, κύπρος des Grecs), arbuste qui leur communique une couleur aurore : elles exagèrent ainsi un résultat qu'il est peut-être plus habile de savoir simplement atteindre. Du reste, ceci est leur affaire.

III

BAINS PARFUMÉS.

Notre héroïne aime les bains avec passion, et il est rare qu'elle ne les parfume pas à l'aide de quelques mélanges. Mais ces mélanges ne sont rien à côté des recettes des anciens, certaines, assure-t-on, ayant eu le privilége de garantir le corps des injures des ans : ainsi s'expliqueraient les miracles opérés par Médée sur le vieil Éson et sur d'autres encore. Malheureusement il fallait, pour que le charme opérât, que l'individu fût tout d'abord désarticulé, afin de pouvoir *mijoter* plus commodément dans la chaudière où se trouvaient les herbes. Cette formalité, non moins que l'échec éprouvé par les filles de Pélias sur leur père, dont les membres rajeunirent, il est vrai, mais ne purent se rejoindre, dut empêcher la méthode de se vulgariser; aussi n'en est-il plus question dans les temps qui suivirent. L'enchanteresse Circé se contente, dans Homère, de faire épancher sur la tête d'Ulysse de précieuses essences, et la célèbre Poppée n'avait d'autres artifices pour conserver sa beauté que des bains de lait d'ânesses : il est vrai que ces ânesses étaient au nombre de cinq cents, qu'on les nourrissait d'espèces aromatiques et qu'elles la suivaient partout dans ses voyages.

Que nous sommes loin aujourd'hui de tous ces raffinements plus ou moins mythologiques ! On parle bien encore des bains de lait de Mme Tallien; mais peut-être déjà, sous le Directoire, désignait-on sous le nom de « bains de lait, » des bains préparés non pas avec du lait naturel[1], mais simplement avec du lait virginal.

1. Cependant les mauvaises langues du quartier désignaient sous le nom de *laitière de la Directrice* une marchande qui, assurait-on, débitait à ses pratiques le lait dont Mme Tallien avait eu déjà la primeur.

Du lait virginal! Que faut-il entendre par ce mot? Beaucoup moins peut-être que vous ne seriez tenté de le croire, ce prétendu lait étant tout simplement de la teinture de benjoin qu'on ajoute à de l'eau ordinaire et qui, en se décomposant, précipite son huile essentielle sous l'aspect d'une liqueur lactescente. Je ne nie pas qu'un bain, additionné de la sorte, ne puisse avoir son charme et son utilité, le benjoin étant un excellent cosmétique de la peau, à cause surtout de son léger principe acide (acide benzoïque) qui en nettoie parfaitement la surface : seulement prenez garde aux sophistications. Il en est une principalement, et c'est de beaucoup la plus grave, que je ne saurais mieux vous faire connaître qu'en citant le fait suivant, que je tiens de la bouche même d'Alibert :

J'avais, racontait-il, prescrit à une jeune femme, qui était venue accidentellement me consulter, un bain de Baréges, lorsque je reçus d'elle un billet ne contenant que ces mots : « Accourez vite. Votre bain m'a empoisonnée. J'ai déjà le corps tout noir. » Je me hâtai, comme bien vous pensez, de me rendre à son appel, et là je reconnus qu'effectivement sa peau était devenue celle d'une négresse. Mon premier soin fut de me faire représenter la bouteille qui avait servi à préparer le bain; je n'y vis absolument rien de particulier. Mais, à côté, se trouvait une fiole sur laquelle je pus lire : *Bain de beauté*, et qui contenait encore quelques cuillerées d'un liquide blanchâtre. Je sus alors de la femme de chambre que, la veille du jour où sa maîtresse avait pris le bain de Baréges, cause de tant d'effroi, elle en avait pris un autre dans lequel on avait versé le contenu de cette fiole. Ce fut pour moi toute une révélation. Revenu près d'elle, je lui dis : « Rassurez-vous. Un troisième bain va faire disparaître les ravages des deux premiers, ou plutôt du premier, car celui-là seul est coupable de votre métamorphose. Il contenait du plomb qui, s'étant attaché à votre corps, s'est combiné le lendemain avec le soufre que renferme toute eau de Baréges. » Et, pour qu'il ne subsistât aucun doute dans son esprit, je fis tomber dans la fiole ce qui restait d'eau de Baréges dans la bouteille : le mélange à l'instant devint noir comme de l'encre. C'était là un de ces arguments péremptoires auxquels il n'y a rien à répondre. Aussi la jeune femme, complétement rassurée, rit-elle volontiers de sa mésaventure,

Jurant, mais un peu tard, qu'on ne l'y prendrait plus.

Peut-être cependant fit-elle mentalement la réserve qu'une autre fois, du moins, elle saurait mieux choisir.

Que cet exemple non plus-ne soit pas perdu pour nos Parisiennes. De nombreuses analyses ont appris que, de quelque nom qu'on les décore, beaucoup de ces laits, plus ou moins virginaux, sont saturés de plomb. Or, il n'y a rien de bon à gagner pour la santé à ce commerce habituel avec les poisons.

IV

VINAIGRE RÉSOLUTIF

ET FONDANT CONTRE LES CORS.

UNE digression — car je ne saurais légitimement ranger parmi les « cosmétiques de la peau » le produit dont je viens de transcrire l'étiquette. Et cependant, puisqu'on s'obstine à l'y faire figurer, il m'est impossible de n'en pas dire quelques mots.

Vous n'êtes probablement pas sans avoir entendu vanter certain vinaigre *résolutif et fondant* contre les cors. Or voici la recette qu'en donne le MANUEL DU PARFUMEUR, ce dépositaire des formules et secrets du métier ; voici surtout l'étrange commentaire dont il l'accompagne :

Mêlez, par parties égales, du nitrate acide de mercure et du vinaigre rouge, coloré par l'orcanète. L'addition de cette orcanète a pour but de déguiser le nitrate acide de mercure aux acheteurs qui pourraient être effrayés par son nom, car, seul, ce nitrate acide guérit *parfaitement* et *radicalement* les cors et verrues.

Ainsi, vous reconnaissez vous-même que votre vinaigre est un poison et un poison de la pire espèce. Seulement pour être plus sûr, sans doute, qu'on ne pourra ni s'en défendre ni même s'en défier, vous lui donnez un déguisement et l'affublez d'un faux nom. Franchement ceci est par trop fort ! Quant aux guérisons *parfaites* et *radicales* dont vous vous portez garant, peut-être êtes-vous plus dans le vrai que vous ne vous en doutiez vous-même, en soulignant ces mots, car on a vu effectivement votre vinaigre déterminer des accidents de telle nature qu'il dispensait à tout jamais d'aucun autre traitement.

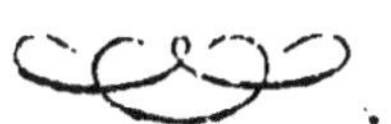

COSMÉTIQUES

DE LA BOUCHE.

Les cosmétiques de la bouche ont pour principal but de conserver aux dents leur éclat, tout en évitant de porter atteinte à leur solidité. Ce qui ajoute aux difficultés du problème, c'est que les dents tiennent tout à la fois des tissus vivants par les vaisseaux qui s'y rendent, et des tissus inorganiques par l'étui calcaire qui les revêt. La moindre fausse manœuvre peut donc les altérer ou même les compromettre au point d'en nécessiter l'avulsion. Reste, il est vrai, la ressource des dents artificielles et, à en croire ceux qui ont pour mission de les poser, on ne saurait ainsi que gagner au change. En effet ces dents, par la facilité que l'on a de les renouveler, sont toujours belles, toujours jeunes, toujours égales en symétrie et en nombre; elles pourront, par d'habiles ajutages, restituer aux gencives l'incarnat qui leur manque; enfin, dans les vitrines où elles sont exposées, on les voit se mouvoir d'elles-mêmes sans effort et sans bruit, comme si l'art devait un jour vous éviter jusqu'aux fatigues de la mastication. Tout cela, j'en conviens, est fort tentant. Et cependant une vieille habitude, j'allais dire un ancien préjugé, fait que ces avantages nous touchent peu et que nous avons toujours un certain faible pour nos dents naturelles. Tel est du moins l'avis de notre héroïne, à en juger par les soins tout particuliers dont elle les entoure. Voyons maintenant si ces soins sont aussi intelligents qu'ils sont assidus.

I

POUDRE, BROSSE, ÉLIXIRS DENTIFRICES.

LLE agit sagement en ne se servant de poudre dentifrice qu'à d'assez longs intervalles. Celle qu'elle préfère est un mélange, à parties égales, de charbon et de quinquina; excellent choix, à la condition que ce mélange représente une poudre impalpable, sans quoi il exposerait à rayer les dents.

Qu'elle veille de même à ce que la brosse avec laquelle elle les frictionne ait une certaine souplesse, de peur de les déchausser. C'est parce qu'elles se servent habituellement de brosses beaucoup trop rudes, que la plupart des An-

glaises, en plus d'une certaine disposition naturelle, ont des dents d'une longueur démesurée.

Enfin j'admets parfaitement avec elle que
l'usage d'un élixir légèrement aromatique ne
peut que contribuer à fortifier les gencives et à
parfumer l'haleine; seulement elle a le tort de
passer trop légèrement de l'un à l'autre, sans se
préoccuper de leur composition. Pour lui faire
bien comprendre les dangers d'un mauvais
élixir, je ne saurais me dispenser de lui dire un
mot de la structure des dents elles-mêmes.

Les dents sont formées de deux couches : une
extérieure qui est l'émail, l'autre intérieure
qui est l'ivoire. L'émail donne à la dent sa blancheur, l'ivoire lui donne sa solidité. La super-
position de ces deux couches représente donc
assez exactement celle des métaux qui constituent l'orfévrerie de Ruolz. Admettons maintenant que vous nettoyiez, chaque jour, cette orfévrerie à l'aide d'agents qui en usent peu à peu
la surface, il arrivera un moment où le métal
grossier qui sert de charpente au métal plus
précieux sera plus ou moins mis à nu. Telle est
l'histoire des dents que vous soumettez à l'usage

de certains élixirs. L'émail est graduellement attaqué et, comme la couche qu'il forme n'offre que peu d'épaisseur, on a bientôt atteint l'ivoire, ce qui rend les dents ternes, rugueuses, friables, et les expose à la carie.

Quels sont les élixirs qui ont ainsi le triste privilége d'éroder la superficie dentaire? Ce sont les élixirs acides, l'émail étant en grande partie constitué par des sels de chaux pour lesquels ces acides ont une très-grande affinité. Qu'on se rappelle l'*agacement* dont les dents deviennent le siége quand elles ont subi le contact d'aliments trop vinaigrés ou de matières bilieuses et âcres rejetées par le vomissement. Qu'on se rappelle surtout ce qui se passe quand un acide quelconque, ne fût-ce que du suc de citron ou d'orange, tombe sur du marbre, substance dont la chaux forme de même l'ingrédient principal : tout point touché en conserve une tache à peu près indélébile. Or, il finirait par en être de même des dents de notre héroïne, pour peu que son élixir eût un degré suffisant d'acidité.

Mais qu'est-il nécessaire d'aller chercher si loin nos exemples pour la convaincre? Qu'elle se regarde simplement la bouche devant une glace et, par une bizarre concordance, elle constatera sur elle-même la preuve matérielle de ce que nous venons d'avancer.

En effet ses dents, d'ailleurs si irréprochables, offrent une petite rainure transversale qui les divise en deux moitiés, l'une brillante qui adhère à la gencive, l'autre un peu dépolie qui répond à leur bord tranchant. C'est qu'à l'époque de sa seconde dentition, elle a eu une fièvre grave pendant laquelle, comme cela arrive d'habitude, sa salive, d'alcaline qu'elle était, est devenue spontanément acide. Cette salive, par son contact continuel avec les dents, en a entamé la couche superficielle, n'épargnant que la portion logée encore dans l'alvéole. Aussi quand, par le fait de la croissance, cette portion est devenue libre à son tour, s'est-on mieux aperçu encore du contraste, en ce que, seule, elle conservait la teinte nacrée qui était primitivement celle de la dent tout entière. Ce qui n'a pas peu contribué à amener ce fâcheux résultat, c'est que, sous prétexte de rafraîchir ses lèvres et ses gencives desséchées par la fièvre, on les lui frictionnait avec des tranches de citron; par conséquent, on travaillait dans le sens même du mal, en ajoutant une nouvelle acidité à l'acidité déjà trop grande ·de sa salive.

Il pourra même se faire, ainsi que j'ai eu l'occasion d'en observer plusieurs cas, qu'en pleine santé, la salive devienne spontanément acide. Vous verrez alors les dents s'entreprendre et finir à la longue par s'altérer, à moins que vous n'y portiez chimiquement remède, en vous attaquant à la cause elle-même. Cette cause, si souvent méconnue, chacun peut cependant la constater sur soi. Il suffit pour cela de se placer pendant quelques instants du papier bleu du tournesol entre les lèvres ou sur la langue; si le papier rougit, c'est que la salive est acide. Aussi toute personne ayant quelque souci de ses dents, fera-t-elle bien de répéter de temps à autre cette petite expérience.

Il est donc rationnel d'admettre que tout dentifrice devrait être neutre ou alcalin. Je me suis assuré qu'ils sont pour la plupart, au contraire, notablement acides. Ainsi les élixirs sont aiguisés d'un peu d'acide citrique; les poudres renferment des tartrates acides de potasse et de soude; il en est de même des opiats, le miel qui leur sert d'excipient contribuant à en masquer l'acidité. Aussi ai-je fait préparer à l'une de nos meilleures pharmacies de Paris, la pharmacie Étienne, un élixir à base alcaline, qui offre du moins cette garantie qu'employé journellement, il ne saurait jamais s'attaquer aux dents. Mais c'est surtout dans les cas d'acidité de la salive, soit par le fait de maladies graves, soit survenue spontanément, que cet élixir alcalin m'a rendu les plus importants services.

La raison pour laquelle les dentifrices sont généralement acides est facile à comprendre. Ce qu'il faut, avant tout, pour amorcer l'acheteur, n'est-ce pas l'impressionner par un résultat immédiat? Or les acides nettoient parfaitement les dents, trop bien même, puisqu'ils ne les rendent brillantes qu'aux dépens de leur émail.

Parmi les dentifrices de tout genre que j'ai soumis ainsi aux plus minutieuses investigations, je me suis assuré que les plus défectueux provenaient, non pas de chez nos pharmaciens, mais de chez nos dentistes. Cette anomalie, quelque étrange qu'elle paraisse tout d'abord, n'a cependant pas de quoi vous étonner. Songez donc que, tandis que nul ne peut exercer la pharmacie sans avoir préalablement subi des examens et justifié d'un diplôme, tout individu, au contraire, peut de son propre chef s'improviser dentiste : au besoin même il s'intitulera « Professeur de prothèse dentaire » ou « Auteur de plusieurs manuels. » Or trop souvent, entre le dentiste à la mode qui occupe un appartement somptueux dans nos plus élégants quartiers, et le simple arracheur de dents qui exerce en plein vent et en cabriolet découvert sa bruyante industrie, il n'y a eu originairement d'autre différence que la mise en scène et les moyens de réclame. Mais si chez tous les deux le savoir est resté nul, le premier y a suppléé par le savoir-faire.

Défiez-vous donc des dentifrices opérant des miracles par trop instantanés, sans quoi, je le crains bien, vos dents laisseraient bientôt voir leur Ruolz.

COSMÉTIQUES

DE LA FACE.

Notre Parisienne n'est déjà plus une toute jeune femme. Elle a dépassé la trentaine. Sans doute rien n'indique encore que sa beauté ait subi la moindre atteinte, et cependant elle commence un peu à s'en préoccuper, témoin ce luxe de petites fioles, de petites boîtes et de petits pots qu'elle destine à son visage. Puisque notre qualité de médecin, qu'appuie de plus notre vif désir de lui être utile, nous permet d'être curieux sans être indiscret, nous allons les énumérer par ordre d'importance.

I

EAUX DE TOILETTE

ET AUTRES MENUS COSMÉTIQUES.

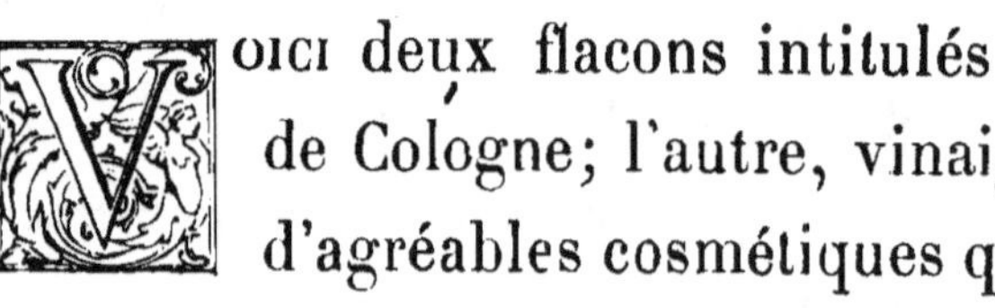

oici deux flacons intitulés : l'un, eau de Cologne; l'autre, vinaigre. Ce sont d'agréables cosmétiques qui résument à eux seuls toutes les eaux dites « de toilette, » mais parmi lesquels le choix est difficile. Les vinaigres sont souvent fabriqués à l'aide d'acides beaucoup trop caustiques ou même de vinaigres de bois. Quant aux eaux de Cologne, on les obtenait autrefois par la distillation de certaines plantes; aujourd'hui on les prépare tout simplement en ajoutant des essences à l'alcool, ce qui du reste intéresse plus leur arome que leur qualité proprement dite : mais il n'en est pas de même des sophistications suivantes auxquelles on les soumet trop souvent.

Chacun sait qu'un des caractères distinctifs de l'eau de Cologne, c'est de blanchir au contact de l'eau par la décomposition des huiles essentielles que retenait l'alcool qui en constitue la base. Or, que font certains industriels? Dans un but d'économie plus facile à comprendre qu'à justifier, ils remplacent en partie l'alcool et les huiles par de l'eau plus ou moins saturée d'extrait de saturne. Venez-vous alors à verser de ce mélange dans de l'eau, celle-ci blanchit, comme si c'était réellement de l'eau de Cologne : seulement ce n'est plus l'huile essentielle qui se précipite, c'est le plomb.

Toutefois, disons-le, les deux flacons de notre héroïne ont une composition irréprochable. Si maintenant nous en jugeons par les différences de niveau de leur contenu, elle pencherait plutôt pour le vinaigre, le flacon qui contient l'eau de Cologne étant à peu près intact, tandis que l'autre est plus d'à moitié vide. Un mot suffira pour 'nous en donner l'explication : elle est blonde !

Les blondes, en effet, par cela même qu'elles ont généralement la peau plus spongieuse et plus fine, recherchent les cosmétiques un peu astringents : ainsi s'explique leur préférence pour les vinaigres. Les brunes, au contraire, dont la peau offre des tons plus animés, plus chauds, ont besoin de cosmétiques en rapport avec ce surcroît d'activité : aussi se trouvent-elles mieux des eaux de Cologne. Je dois dire toutefois que, si ces règles sont vraies en principe, elles comportent de telles exceptions individuelles, qu'il n'est réellement d'autre guide en pareille matière que sa propre expérience.

Mais pourquoi ne pas se contenter simplement d'eau pure[1] ? C'est qu'à tort ou à raison

---

1. Beaucoup d'hommes ont la mauvaise habitude, quand ils viennent de se faire la barbe, de se laver le visage avec de l'eau contenant quelques gouttes de vinaigre. Cette eau, par son acidité, décompose le savon resté adhérent à la peau et, mettant ainsi à nu le corps gras qui entrait dans sa préparation, le rend difficile à enlever. Mieux vaut dans ce cas se servir d'eau pure ou d'eau additionnée de quelque esprit aromatique, car cet esprit (alcool) dissout le savon.

on fait à l'eau pure le reproche de sécher la peau et même de la froncer.

On objectera peut-être que notre Romaine, qui pourtant s'y connaissait, ne paraît pas avoir fait usage de vinaigre. C'est que très-probablement elle était brune, rien n'étant rare en Italie comme une blonde. Quant à l'eau de Cologne, il fallait bien qu'elle s'en passât, l'alcool, sans lequel on ne saurait la préparer, ne datant que du moyen âge. Il fut trouvé par les alchimistes qui ne le cherchaient pas, en échange de la pierre philosophale qu'ils cherchaient et ne pouvaient trouver. Nous avons vu toutefois qu'elle corrigeait l'action de l'eau pure par divers composés huileux ou graisseux, tels que, par exemple, le fameux œsype d'Athènes. Ne serait-ce même pas cet œsype qui aurait donné à nos Parisiennes l'idée du cold-cream et de la pommade de concombre!

Ne vous récriez pas trop contre cette supposition, dont je suis tout prêt, du reste, à faire bon marché, car enfin la pommade de concombre contient beaucoup moins de concombre que de suif de mouton. Or entre le suif et le suin qui faisait la base de l'œsype, la distance n'est pas énorme. Et le cold-cream, en quoi donc ses éléments graisseux diffèrent-ils tant de ceux de ce même œsype?

La vogue est aujourd'hui à la glycérine, résidu oléagineux de la fabrication des bougies. C'est un cosmétique fort doux, mais que déjà on falsifie et dont le plus grand mérite peut-être est la nouveauté.

Pour beaucoup de nos élégantes, ces préparations tiennent lieu d'eau pure et dispensent de tout lavage. Elles s'en étendent tous les soirs une légère couche sur le visage, qu'elles enlèvent le lendemain avec de la batiste ou une éponge. Franchement, c'est par trop sacrifier à la coquetterie, ces corps gras adhérant toujours plus ou moins à la peau et finissant souvent par rancir et l'irriter.

Cependant j'aime encore mieux cela que ce que j'ai vu employer, dans le même but, n'étant que simple étudiant en médecine.

J'avais été chargé par Récamier d'aller faire deux pansements par jour à une dame de très-haut parage qui jouissait d'une grande réputation de beauté. Or j'apercevais, chaque soir, dans un coin de sa chambre, deux superbes tranches de veau frais, que je retrouvais le matin à la même place, mais un peu émues. A quoi donc pouvait-elle les avoir fait servir? Je me perdais en conjectures, lorsqu'enfin j'appris qu'elle se les appliquait en cataplasme sur les joues, pendant la nuit. Ainsi voilà une grande dame qui, en vue d'un résultat très-problématique, n'hésite pas à emprunter à sa cuisinière une recette pour farder, je me trompe, pour barder son visage! J'avoue que cette révélation fit sur moi une impression telle que j'en conservai, de longtemps encore, une véritable horreur pour les émincés.

Mais quittons ces étranges cosmétiques, qui n'ont heureusement rien de commun avec ceux dont nous allons continuer l'inventaire.

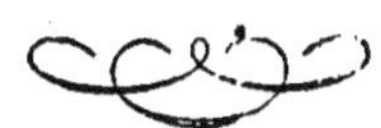

II

POUDRE ET FLEUR DE RIZ.

A la bonne heure! au moins; en voilà un qu'on peut d'autant mieux avouer qu'il rafraîchit et adoucit la peau, en même temps qu'il en absorbe l'humidité. Il n'est pas jusqu'à la houppe soyeuse dont on se sert pour l'étendre qui ne prévienne en sa faveur. Seulement prenez garde de rapporter au riz seul tous les mérites qui en distinguent la poudre. Cette poudre renferme habituellement de l'amidon, du talc et du carbonate de chaux qu'aromatise un peu de violette; le riz n'y entre que comme appoint. C'est mieux encore pour ce qu'on appelle la « fleur de riz, » car alors le riz n'y entre pas du tout ; il est remplacé par de la magnésie, afin de donner au mélange plus de légèreté et plus de souplesse.

Si nos parfumeurs ne commettaient jamais de substitutions· plus graves que celles-là, il ne faudrait pas trop s'en plaindre, car enfin le composé qui en résulte est tout à fait inoffensif et, de plus, il atteint beaucoup mieux que la poudre elle-même le but qu'on a réellement en vue. Ce qu'on veut, avant tout, n'est-ce pas faire paraître la peau et plus blanche et plus fine ? Or la poudre de riz véritable offre trop peu de fixité pour ne pas être enlevée par le simple frôlement de l'air ou des étoffes ; au contraire, celle qui se débite sous ce nom pourra, pendant toute une soirée, opposer la plus magnifique résistance. Malheureusement, pour la rendre plus stable encore, on y ajoute souvent de la céruse et autres poudres *ejusdem farinæ*.

III

BLANC D'ARGENT.

J'AVAIS évité, en parlant de la poudre de riz, de prononcer le mot de fard, car à la rigueur on peut nier que c'en soit un, et j'étais charmé que notre héroïne bénéficiât du doute. Mais plus d'illusion possible ! Elle se sert de fard et, qui plus est, de fard de l'espèce la plus dangereuse. Ainsi la pâte onctueuse que nous apercevons dans cette fiole doit sa blancheur éblouissante à la présence du plomb. Comment ! du plomb ! Mais l'étiquette porte : *Blanc d'argent.* Cela est vrai. Seulement, vous n'avez pas oublié qu'il est de règle de ne point effrayer l'acheteur et que, quand certains noms sonnent mal, on a grand soin de leur en substituer d'autres plus euphoniques. Jamais on ne trouverait le placement d'un fard au *blanc de plomb*, tandis que personne ne se défie d'un fard au *blanc d'argent*, au *blanc de perles*, au *blanc de krems*, au *blanc d'albâtre* ou au *blanc superfin de vinaigre*. Or tous ces blancs sont autant de synonymes de la céruse, par conséquent du plomb.

Mais, vous écrierez-vous, ce sont là d'indignes, d'abominables tromperies. Je suis complétement de votre avis. Je m'en expliquai même un jour un peu vivement avec un des gros bonnets de la profession. « D'où vient, lui disais-je, ce besoin d'inoculer à la population, sous le couvercle de faux passe-ports, une substance que vous savez dangereuse, alors que vous pourriez si facilement la remplacer par quelque autre qui le serait moins ou même qui ne le serait pas du tout? Car enfin il existe d'autres fards. Que n'employez-vous, par exemple, la *poudre de talc*, dite *blanc de Circassie?*

— C'est, me répondit-il, que ses reflets sont un peu mats.

— Et l'*oxyde de zinc*, appelé encore *blanc de Thénard*, en souvenir de l'éminent chimiste qui l'a proposé?

— Il durcit la peau et n'offre pas assez de fixité.

— Mais presque aucun de ces reproches ne saurait atteindre le *sous-nitrate de bismuth*, que vous-même, dans votre enthousiasme, avez baptisé du nom de *poudre des sultanes*.

— Pour celui-là, vous avez raison, il a beaucoup de qualités ; seulement il a un grand défaut dont vous ne parlez pas : c'est de coûter trop cher. Songez donc que, tandis qu'une livre de céruse ne revient qu'à un franc, la même quantité de bismuth se paye vingt-cinq francs et même plus! Obligé de lutter contre la concurrence, on n'est que trop tenté de faire un peu comme les autres. Vous comprenez? »

J'avais si bien compris, que je crus devoir en rester là de mes questions.

Puisqu'il est à peu près impossible de se procurer des fards non vénéneux, le plus sage serait peut-être de s'abstenir de tout fard. Notre Parisienne aura-t-elle ce courage? J'y compte si peu, que je veux, sans plus tarder, lui apprendre les dangers inhérents à leur emploi.

Qu'elle sache donc que le plomb, sous quelque forme qu'il soit appliqué sur la peau, est absorbé par elle avec une facilité merveilleuse. Une fois passé dans le sang, il constitue un hôte d'autant plus redoutable qu'au lieu de manifester spontanément sa présence par quelque crise qui donnerait l'éveil, il opère sourdement et avec lenteur, minant chaque organe avant de se fixer spécialement sur aucun. C'est du côté du système nerveux que se manifestent d'habitude ses premières atteintes. Ainsi les forces se dépriment et, en même temps, la sensibilité se pervertit ou s'exalte; puis, les symptômes s'accentuant davantage, il survient des contractures, des spasmes, des mouvements automatiques, voire même des convulsions épileptiformes. Heureux encore si la scène ne se termine pas par quelque catastrophe, telle que, par exemple, le ramollissement de la moelle ou du cerveau!

Ainsi le plomb n'est pas seulement un Protée par la manière insidieuse dont il se glisse dans l'économie; c'est un Protée encore par le caractère, si perfidement mystérieux, des accidents qu'il y développe. Or, de ce que ces accidents ont une marche généralement lente, s'ensuit-il que les résultats en soient moins à redouter?

Toutefois évitons, par des peintures exagérées, de renouveler la scène où Purgon menace Argan de maladies terribles jusqu'au burlesque. Je conviens volontiers que ce que nous venons de dire des ravages occasionnés par le plomb doit bien plutôt s'appliquer à l'actrice qui, chaque soir,

Compose de sa main les fleurs de son visage,

qu'à la femme du monde qui n'use de ces artifices que dans des circonstances beaucoup plus rares. Et cependant, même en-dehors du théâtre, on a occasion d'observer des faits qui ne sont pas sans quelque analogie avec ceux que provoquent ces exigences de la scène.

Le docteur Ward Cousins a publié, dernièrement, l'observation d'une jeune fille de vingt ans qui fut prise d'une paralysie des poignets et des avant-bras, pour avoir fait usage de carbonate de plomb qu'un parfumeur lui délivrait, en guise de poudre de riz, sous le nom de *blanc de perles*. Le traitement fut long; on désespéra même un instant de la guérison.

Mais à quoi bon aller emprunter nos exemples à des sources étrangères? Que notre héroïne veuille bien interroger ses propres souvenirs et elle reconnaîtra que, depuis qu'elle se sert de ces fards, elle est sujette à certaines indispositions, telles que névralgies ou migraines, qu'elle ne connaissait pas auparavant et, qu'à défaut d'autre explication, elle désigne par la phrase sacramentelle: « Ce sont les nerfs. » Je lui dirai, moi : «·C'est le plomb. »

Mais soyez sûr qu'elle ne se borne pas à une seule espèce de fard, car il faut, pour que la décoration soit complète, que sa peau soit également nuancée de rose. Effectivement, je lis sur un petit flacon ces simples mots : « Rose oriental, » qui sont à eux seuls tout un programme. Voyons maintenant quelle en est la signification véritable.

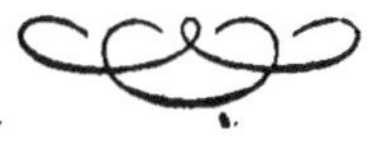

IV

ROSE ORIENTAL.

Er d'abord, empressons-nous de le reconnaître, la poudre désignée de la sorte rappelle assez, par son rouge un peu tendre, la fleur qui sert de type aux comparaisons les plus enviées. Quant au principe qui la colore, voici ce que porte l'étiquette même du flacon :

« Ce rouge est extrait des calices du carthame (*carthamus tinctorius* de Linné), que l'on appelle communément encore safran bâtard. »

MM. les parfumeurs sont, en vérité, trop forts en botanique, et ce pompeux étalage de science,

étayée de si grands noms, dispose à l'éblouisse-
ment. Sans, bien entendu, vouloir lutter avec
eux d'érudition, je leur proposerai cependant
cette simple variante :

« Ce rouge est extrait du sulfure de mercure,
que l'on appelle communément aussi vermillon. »

En effet, le rose oriental, dont nous avons un
échantillon sous les yeux, n'a rien à voir avec
les végétaux décrits par Linné : c'est un simple
mélange de vermillon et de talc, mais si bien
réussi qu'on pourrait facilement le prendre pour
un de ces fards où entre réellement le carthame.

Disons-le toutefois, ce mélange, bien qu'à base
de mercure, ne saurait offrir d'inconvénients sérieux tant qu'on se contente d'en effleurer les
pommettes. Mais la chose change si on vient à
l'appliquer sur les lèvres, la structure fine et spongieuse de ces parties se prêtant beaucoup mieux
à l'absorption ; la salive d'ailleurs peut en en-
traîner des parcelles jusque dans l'estomac. Je
citerai à ce propos le fait suivant :

Mlle X..., actrice d'un de nos théâtres à mé-
lodrame, venait d'être chargée d'un rôle où se
trouvait une scène de dépit qui devait être ren-

due moins par des paroles que par une pantomime vivement sentie et rudement accentuée. Comme elle tenait à émouvoir son public (le public des boulevards), elle se prit à se pincer les lèvres et à se les mordre avec une conscience voisine de la frénésie. Par malheur, et ceci n'était plus dans son rôle, elle en détacha le vermillon qui les recouvrait et l'avala au fort de la passion. Aussi à peine eut-elle quitté la salle qu'elle se plaignit de vives coliques et d'un tremblement général qui ne cédèrent qu'au traitement indiqué contre les empoisonnements par le mercure.

Nous avons vu, quelquefois aussi, survenir en ville des accidents plus ou moins analogues, causés par ces fards. On nous a même dit en avoir observé par l'emploi de simples « pommades roses pour les lèvres, » dans lesquelles entrait également du vermillon au lieu d'orcanète ; mais ce dernier genre de sophistication nous paraît devoir être très-rare.

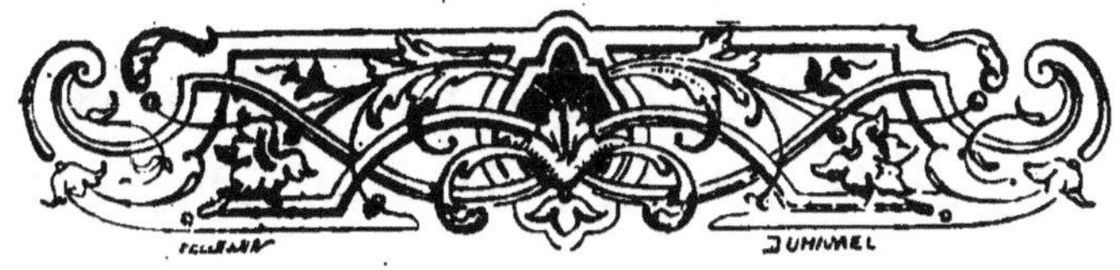

V

EAU SOUVERAINE POUR LE TEINT

ET CONTRE LES TACHES OU LES RIDES DE LA FACE.

Voila de bien magnifiques promesses ! Est-ce que, par hasard, la fiole qui doit les réaliser serait comme la bouteille enchantée de Robert-Houdin, et qu'on pourrait ainsi en faire sortir tous les spécifiques au commandement ? Disons d'abord un mot de son contenu.

C'est un liquide dont la consistance laiteuse rappelle celle des bains dits « de beauté, » et dont la composition analogue expose de même aux surprises les plus compromettantes. Je vois encore d'ici la profonde stupeur de la comtesse *** (un nom en *of*), lorsque, arrivant à l'un des derniers bals de l'hôtel de ville, elle s'aperçut que son visage, son cou et ses épaules avaient perdu leur teint d'albâtre pour prendre un teint d'ébène. Elle ne fit, je puis le dire, qu'un bond du vestiaire à sa voiture. C'est que voici ce qui était advenu. Ce teint d'albâtre, elle le devait en grande partie à une « eau souveraine » quelconque, laquelle, de même que toutes les eaux de ce genre, contenait nécessairement du plomb. Or, comme il lui avait fallu, pour se rendre à l'hôtel de ville, traverser une rue où se faisait l'une de ces opérations de nuit qui répandent dans l'air de l'hydrogène sulfuré, le plomb resté adhérent à sa peau s'était maladroitement combiné avec le soufre de l'atmosphère pour produire, comme dans le cas cité par Alibert, cette transformation subite en Éthiopienne.

Tels sont les gracieux cosmétiques dont on s'arrose le visage sous prétexte de l'embellir. Mais notre héroïne a un autre but en s'en servant; elle désire faire disparaître quelques taches de rousseur dont son front est semé, ce genre de taches étant en quelque sorte l'apanage des blondes. Voyons donc quelle influence cette eau pourra exercer sur ces taches, qu'on désigne encore sous le nom d'*éphélides*.

Il y a longtemps qu'on a noté qu'elles résident dans le tissu même de la peau, un peu comme la matière colorante du nègre, connue sous le nom de *pigmentum*. Or, si la difficulté de blanchir un nègre est devenue chose proverbiale, croyez-vous qu'il soit beaucoup plus facile de triompher de ces taches? Tout au plus parviendrez-vous à les dissimuler pour un instant sous le léger badigeon que ces eaux, réputées « souveraines, » abandonnent sur les points de la peau où l'on multiplie les lotions.

Nous venons de dire que ces diverses eaux doivent leur principale activité à la présence du plomb. Malheureusement il s'y trouve presque toujours, en plus, d'autres agents vénéneux dont le plus fréquent, comme le plus à redouter, est le sublimé corrosif. Enfin elles sont habituellement aromatisées par l'émulsion d'amandes amères, laquelle, en se combinant avec le sublimé, se décompose pour former un cyanure plus toxique encore que le sublimé lui-même.

Tant qu'il ne s'agit que de simples taches de rousseur, l'inconvénient est peu grand, celles-ci étant rarement de nature à s'enflammer. Mais il en est d'autres qui tiennent des affections éruptives et qui, par suite, n'auraient pas la même tolérance pour de semblables drogues. Ce sont celles qu'on désigne communément sous le nom de *feux du visage* ou de *couperose*.

On reconnaît ces taches à leur étendue plus grande, à leur aspect plus luisant, aux efflorescences farineuses qui parfois les recouvrent, et à la facilité avec laquelle on les voit disparaître puis se reproduire. Le plus souvent aussi, sans respect pour le sexe, l'âge ou la beauté, elles vont, par une prédilection déplorable, s'implanter au milieu des joues ou même jusque sur l'extrémité du nez, simulant ainsi certains stigmates particuliers aux buveurs. Or, se fier pour combattre ces taches aux recettes des empiriques, c'est, en outre de mécomptes inévitables, s'exposer aux dangers les plus sérieux. Et cependant c'est ce qu'on ne craint pas de faire tous les jours !

Mais il appartient moins à un médecin qu'à tout autre de s'en formaliser, puisqu'en définitive on ne récuse ainsi son art que parce que son art s'est montré impuissant à guérir. Disons-le toutefois, ce parti désespéré n'aurait plus aujourd'hui son excuse, depuis qu'il nous est arrivé de Sicile, où ces affections sont si fréquentes, une pommade tout à fait inoffensive qu'a précédée le récit de cures admirables, lesquelles, se répétant parmi nous, lui ont valu promptement ses grandes lettres de naturalisation. Dans combien de cas ne l'ai-je pas vue réussir, alors que tout avait échoué! Je citerai, entre autres, celui de l'institutrice des enfants du comte X***, qui, depuis plus de quinze ans, avait la figure tellement couperosée que cela avait fini par lui faire une sorte de masque. Au bout d'un mois·de traitement, tout avait disparu, sans qu'on pût redouter aucune répercussion.

Je regarde donc la pommade dite *sicilienne*, comme appelée à rendre de précieux et importants services. Seulement n'oubliez pas que les meilleurs remèdes demandent à être employés à propos, et qu'on est rarement bon juge soi-même de leur opportunité. Celui-là surtout peut d'autant moins se passer de l'intervention médicale que, presque toujours, pour en activer ou en compléter l'action, il convient de recourir à une cautérisation superficielle.

— Et les rides ! Car la fameuse *eau* en question n'a eu garde de les oublier sur son programme. Sans doute notre héroïne n'a pas encore maille à partir avec ces tristes avant-coureurs de la vieillesse ; mais, hélas ! elle ne saurait les fuir, et peut-être les premières viendront-elles la surprendre avant l'époque qu'elle-même avait prévue. Elle nous saura donc gré de lui en dire par précaution quelques mots.

Ce n'est point ici le cas d'appliquer ces paroles du fabuliste :

> *Travaillez, prenez de la peine,*
> *C'est le fonds qui manque le moins ;*

car c'est au contraire le fonds, c'est-à-dire la peau, qui manque le plus. Si, en effet, les rides n'étaient qu'un simple plissement de cette membrane par laxité de son tissu, on comprend qu'à l'aide d'astringents tels que ceux qui entrent toujours dans la composition de ces cosmétiques, il

serait possible de lui restituer tout ou partie de
son ressort et, par suite, de faire plus ou moins
disparaître ces rides. Mais il y a là malheureusement une cause beaucoup plus irrémédiable : la
débilité sénile. Voyez cette jeune fille au lendemain d'une maladie grave; elle est pâle, amai-
grie, fondue, mais elle n'est point ridée. Voyez
cette femme, au contraire, dont les années commencent à ne plus se compter par printemps; elle
a beau jouir d'une santé parfaite et d'un embon-
point respectable, déjà des rides sillonnent ses
tempes et son front. C'est que chez elle les mus-
cles qui meuvent ces parties pèchent par défaut
d'activité vitale. Pour leur restituer cette énergie,
qui leur manque, il faudrait, non plus une eau
provenant de telle ou telle officine, mais puisée
directement à quelque fontaine de Jouvence. Or
j'avoue à ma honte que, malgré la spécialité de
mes études en hydrologie, j'ignore encore sous
quel heureux climat jaillit cette fontaine privilégiée.

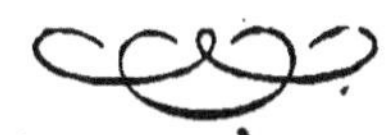

COSMÉTIQUES

DE LA CHEVELURE.

LA chevelure est le plus beau comme le plus noble ornement de la tête. Les anciens, ces amants passionnés de la forme, attachaient un tel prix à son ampleur qu'ils en faisaient un des attributs de la divinité. Quel statuaire ou quel peintre eût jamais représenté Jupiter, Apollon ou Neptune sans une chevelure luxuriante? Et les Muses, qui donc voudrait leur ravir le nom de Καλλίκομαι (aux beaux cheveux) que leur donnait Simonide? C'était également pour les guerriers l'emblème de la vaillance et de la force. Quand, dans Homère, Achille s'élance dans les combats, le vent agite et soulève en boucles orgueilleuses sa brillante chevelure, et la tête du héros se trouve encadrée dans une sorte d'auréole.

Ces idées ont traversé les âges, presque sans s'affaiblir, pour arriver jusqu'à nous. Les Gaulois, nos ancêtres, portaient de longues chevelures, et nos premiers rois reçurent le titre de « rois chevelus[1]. » Aussi lorsque, plus tard, quelque maire du palais se sentit assez puissant pour déposséder son souverain, commença-t-il par le faire raser, en signe de déchéance, avant de l'enfermer dans un cloître. N'est-ce pas même par une sorte d'allusion dérisoire à la perte presque complète de l'autorité royale sous son règne, que les historiens ont donné l'épithète de « chauve » à l'un des rois les plus faibles de la race carlovingienne ? Nul doute, par conséquent, que François Ier ne fût resté fidèle aux traditions de ses ancêtres, si une chute qu'il fit sur la tête

---

1. On connaît cette plaisanterie de Vespasien qui, voyant à la veille d'une bataille ses troupes impressionnées par l'apparition d'une comète, s'écria : « Ce n'est pas moi qu'elle menace, mais le roi des Gaules, car lui aussi est chevelu. »

ne l'eût contraint à sacrifier ses cheveux. Quant à Louis XIV, il avait trop à cœur la majesté royale pour ne pas revenir aux longues chevelures ; seulement ces chevelures furent postiches, par la nécessité où se trouva le grand roi de dissimuler une loupe qui lui déshonorait le sinciput.

Aujourd'hui les choses ont bien changé. Chacun porte les cheveux à sa manière ; beaucoup même paraissent charmés de ne plus en avoir, espérant qu'on en attribuera la chute au travail et aux méditations de la pensée. Nos Parisiennes, mieux avisées, sont restées fidèles aux anciennes traditions. Celle qui nous occupe se montre même tout particulièrement fière de sa magnifique chevelure ; et elle en a réellement le droit, car c'est à la manière dont elle la gouverne qu'elle en est en grande partie redevable. Nous allons voir pourtant que cette manière est aussi facile qu'elle est peu compliquée.

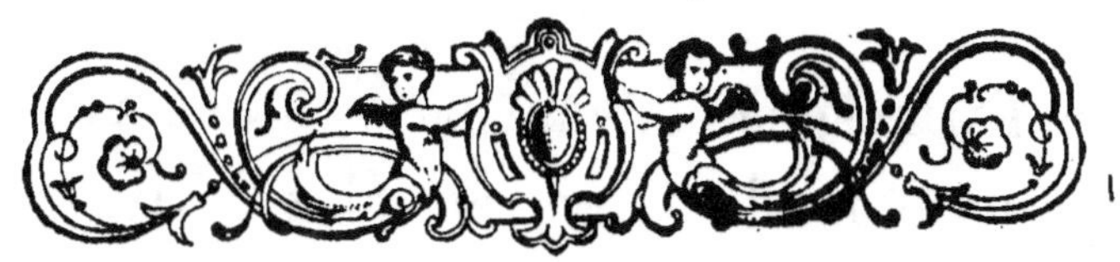

I

VENTILATION; POMMADE; POUDRE.

Son premier soin, tous les matins, est de se ventiler la tête en y promenant rudement la brosse et en se la peignant avec le démêloir et le peigne fin. Il lui semble qu'à mesure que l'air y pénètre, la séve y abonde; d'où résulte pour le cheveu un surcroît de vigueur. Il y a certainement du vrai dans cette explication. Le cheveu ne tient pas seulement du végétal par les sucs qu'il s'assimile, il en tient également par le rôle que joue l'air dans sa vitalité. De même qu'une plante dépérit et s'étiole quand elle est habituellement soustraite au contact de l'atmosphère, de même le cheveu s'étiole et dépérit quand il n'en ressent plus la vivifiante influence. Si les Turcs deviennent chauves de bonne heure, c'est que le turban empêche l'air d'aviver leur cuir chevelu; par contre, nos gens de service ont d'ordinaire le crâne mieux garni que leurs maîtres, les convenances voulant qu'ils restent plus souvent la tête découverte. Notre héroïne a donc parfaitement raison de s'aérer le plus possible la chevelure.

Mais là ne se bornent pas les soins dont elle l'entoure. Quand, par suite de certaines exigences de la coiffure, ses cheveux doivent être momentanément comprimés, elle évite qu'on les tiraille au point d'en fatiguer la racine; jamais le fer n'en approche, dans la crainte qu'il ne les rende secs et cassants; jamais surtout on ne les crêpe, car c'est un moyen à peu près immanquable de les rompre. Rentrée chez elle, elle se hâte de les débarrasser de leurs entraves; elle les laisse même flotter quelque temps sur ses épaules, afin de mieux les reposer et les assainir.

Enfin, quand arrive le soir, elle les relève et

les enroule doucement sous une résille, au lieu de les séquestrer sous une coiffe. L'air pénètre ainsi sans difficulté jusque dans leurs intersti- ces. Ajoutons que cette « coiffure à la chinoise » a le grand avantage d'empêcher les raies de s'user par le frottement, lequel frottement est la cause la plus ordinaire de leur raréfaction.

Les cheveux de notre héroïne ont cependant un petit défaut, c'est de pécher quelque peu par excès de sécheresse. Elle y remédie facilement à l'aide de pommades.

La pommade, nous l'avons établi en parlant de notre Romaine, est sans contredit le plus an- cien de tous les cosmétiques; ajoutons que c'en est également le plus naturel. Qu'est-ce en effet que cette sécrétion sébacée qui s'opère insensi- blement à la surface de la tête, si ce n'est une pommade onctueuse destinée à lubréfier les che- veux et peut-être à les nourrir? Cette secrétion chez l'enfance est même tellement abondante qu'elle forme autour du cuir chevelu une vérita- ble couche (le chapelet), que je comparerais vo- lontiers au terreau dont nous recouvrons le sol que nous voulons fertiliser.

Un autre avantage de la pommade, c'est de prévenir et au besoin de combattre ce redressement partiel et persistant des cheveux qu'on désigne sous le nom d'*épis*. C'est surtout aux époques des grandes chaleurs que ces épis sont le plus sujets à se former et qu'ils se montrent le plus tenaces. Il y a là, en plus de certaines causes accidentelles dont je n'ai point à m'occuper ici, une raison physique que je vais essayer de faire comprendre.

Tout le monde connaît le petit instrument appelé *hygromètre*, lequel représente d'ordinaire un hermite dont le capuchon s'abaisse ou se relève suivant qu'il doit pleuvoir ou faire beau. Or, tout le mécanisme de ces mouvements repose sur les variations de longueur qu'éprouve un cheveu enroulé à une poulie et fixé au capuchon. Le temps est-il humide, le cheveu s'allonge, et alors le capuchon s'abaisse; le temps au contraire est-il sec, le cheveu se raccourcit, et alors le capuchon se redresse. Notez toutefois que la condition indispensable pour que tout marche bien, c'est que le cheveu ait été préalablement dépouillé de toute sa matière grasse, sans quoi il ne serait pas assez impressionnable à ces variations de l'atmosphère.

Supposons maintenant que notre héroïne néglige de corriger par de la pommade la sécheresse native de ses cheveux, n'est-il pas à craindre que, si elle quitte une pièce pour passer dans une autre où règne une température plus élevée, ceux-ci ne deviennent autant d'hygromètres manœuvrant à la manière du capuchon de l'hermite? C'est parce qu'ils se servent trop rarement de pommade que la plupart de nos savants ont toujours quelque chose d'un peu *ébouriffé*. Celle qu'emploie notre héroïne obvie d'autant mieux à ces inconvénients que sa composition est fort bien combinée; c'est un simple mélange d'huile d'amandes douces et de moelle de bœuf, qu'aromatise une essence des plus suaves.

J'ai parlé de *moelle de bœuf*. C'est encore là une de ces désignations dont il ne faut pas prendre le sens trop à la lettre. Au lieu de « moelle, » lisez plutôt « graisse; » en voici le pourquoi. La petite ville de Grasse, en Provence, doit à son climat et à son sol d'être une sorte de grenier d'abondance où s'approvisionnent nos parfumeurs. Là croissent en plein champ et sans aucun besoin de culture les fleurs dont l'arome est le mieux approprié à leurs produits, mais arome tellement fugitif qu'il a besoin d'être incorporé sur place. Or, si les fleurs abondent à Grasse, — et la masse sur laquelle on opère a réellement quelque chose d'effrayant [1], — les bœufs en revanche y sont infiniment rares ; aussi n'est-ce pas trop de toute leur graisse pour suffire à la pommade que réclame l'énorme consommation de Paris. Nos parfumeurs la reçoivent donc toute faite. Je sais bien qu'ils la soumettent ensuite à diverses manipulations : seulement elle n'en conserve pas moins la graisse qui a servi originairement à la former.

D'ailleurs, en quoi consistent ces manipulations ? A y ajouter, non pas de la moelle, ce qui reviendrait beaucoup trop cher, mais de l'axonge, c'est-à-dire de la graisse de porc. Voilà certes

---

1. Il est telle maison à Grasse qui, rien que pour la pommade, consomme chaque matin plus de cinq cents kilogrammes de fleurs. Et la préparation des essences ! En Orient, où les fleurs cependant ont tant de parfum, ce n'est pas trop de seize cents livres de roses pour obtenir une once d'essence de ce nom. Qu'on juge de ce qu'il en faut à Grasse !

un bien gros mot, surtout si on le compare aux dénominations si flatteuses d'Hébé, de Vénus, de Ganymède, d'Aspasie, d'Alcibiade ou d'Antinoüs, dont on décore la plupart de ces produits ; mais il a du moins le grand mérite de la sincérité. Je dois dire toutefois que l'axonge bien préparée et de bonne qualité n'est pas de beaucoup inférieure à la moelle elle-même.

Mais toute pommade tend à s'altérer si elle n'est renouvelée ; elle finirait, de même, par irriter la peau et en obturer les pores. Aussi notre Parisienne a-t-elle soin de se monder de temps à autre la chevelure avec une poudre absorbante dont la base, légèrement alcaline, agit de plus comme un excellent détersif.

Disons, en passant, qu'il est bien à regretter que la poudre, si en vogue autrefois, soit aujourd'hui tombée dans un véritable discrédit, alors qu'au contraire elle pourrait être appelée à rendre tant de services. Je citerai comme exemple ce qui arrive à la suite de certaines maladies graves, surtout de nature éruptive, qui ont exigé que la tête restât longtemps couverte. Au moment où l'on se décide à donner aux cheveux un peu de liberté et un peu d'air, ceux-ci, agglutinés et flétris, laissent échapper une odeur ammoniacale des plus fétides : il n'est même pas rare qu'ils se détachent par touffes, comme une plante qui a pourri sur pied. Or vous auriez pu, en grande partie du moins, prévenir ce fâcheux résultat si, chose que je ne néglige jamais de prescrire, vous aviez eu tout d'abord la précaution de les poudrer largement, la poudre devant absorber l'humidité à mesure qu'elle se forme et s'opposer ainsi à tout travail de fermentation.

Seulement, pour la formule de ces poudres, gardez-vous de vous en rapporter aux compositions toutes faites des parfumeurs ; souvent elles renferment des substances dangereuses et en particulier de l'iris. Or l'iris est un topique irritant ; appliqué si près du crâne, il peut de plus réagir sympathiquement sur les centres nerveux et y déterminer de graves troubles fonctionnels. Esquirol a publié le cas d'une jeune fille qui, pour avoir voulu sécher ses cheveux avec de la poudre que lui fournissait le parfumeur de sa famille, et dans laquelle il entrait de l'iris, éprouva, pendant plus de trois mois, d'affreux maux de tête, compliqués d'accès d'épilepsie. M. Aumont a communiqué, de même, à l'Académie de médecine l'histoire de deux sœurs qui, pour une cause analogue, restèrent longtemps en proie à un effrayant narcotisme. Enfin j'ai vu dans ma pratique particulière certains faits qui se rapprochent un peu de ceux-là.

Mais, disons-le de suite, notre héroïne n'a rien de semblable à redouter, car, pour tout ce qui touche à l'entretien hygiénique de sa chevelure, elle a eu la main très-heureuse, ses choix étant irréprochables. Seulement que venons-nous d'apercevoir? Un peigne de plomb !

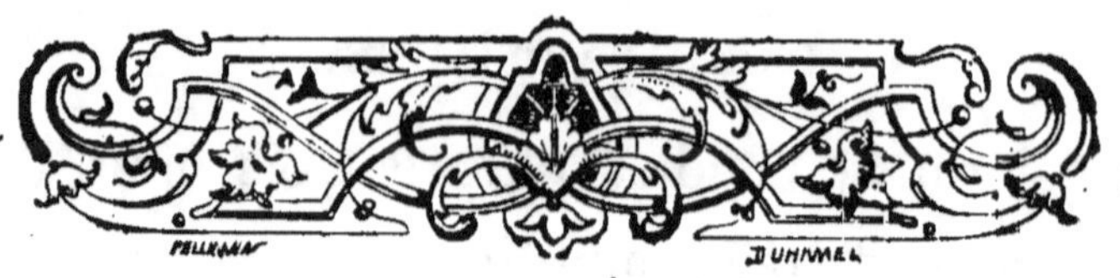

II

UN PEIGNE DE PLOMB.

Cuvier, avec une dent ou un fragment d'os d'un animal, reconstruisait l'animal tout entier, encore bien qu'il eût appartenu à une race disparue. De même ce peigne pourrait nous fournir tout un monde de révélations. Mais, au lieu de prendre les choses de si haut, contentons-nous d'en déduire que notre Parisienne est un peu rousse et qu'elle désire qu'on la croie simplement blonde.

Je n'ai réellement pas le courage de l'en blâmer, cette teinte étant aujourd'hui en quelque sorte mise à l'index. Et cependant que d'exemples, même parmi les plus illustres, on pourrait invoquer en sa faveur ?

Cérès était rousse; sa fille Proserpine plus rousse encore, ce qui ne l'empêcha pas d'être enlevée par Pluton. Les cheveux de Circé lançaient des éclairs ardents comme les rayons du soleil. Phœbus n'est devenu classique que grâce à ses « crins dorés. » C'est à sa chevelure rutilante que Bérénice doit d'être placée au rang des constellations. Enfin les toiles de la renaissance ont popularisé cette nuance sous le nom de « blond vénitien. » Mais je me fais ici l'avocat d'une cause que je sais d'avance être une cause perdue. Je comprends donc très-bien que notre héroïne se montre assez peu touchée de mes motifs : l'essentiel, c'est qu'elle ne fasse rien qui puisse nuire à sa santé.

Certes, je la surprendrais grandement si je lui disais qu'un peigne de plomb est devenu quelquefois, pour ceux qui s'en servaient, un instrument de mort. Il n'y aurait pourtant rien là que de très-exact, témoin le fait suivant que racontait dernièrement la *Gazette médicale*, le plus autorisé de nos journaux de médecine.

« Un homme de quarante-sept ans, fort et robuste, vit tout à coup sa santé décliner et son intelligence s'éteindre, sans qu'on pût en soupçonner la cause. Son médecin, le docteur Schotten, se perdait en conjectures, lorsqu'enfin il apprit que, depuis quelque temps, cet homme se servait, plusieurs fois par jour, d'un peigne de plomb pour frotter ses cheveux qui commençaient à blanchir. Il en acquit la preuve matérielle en faisant analyser certaine poudre grisâtre dont ceux-ci étaient tout imprégnés; cette poudre fut reconnue être du sulfure de plomb. On dirigea aussitôt le traitement en conséquence; mais déjà il était trop tard, et le malade succomba avec tous les signes qui caractérisent les empoisonnements de ce genre. « A l'autopsie, dit le docteur Schotten, je trouvai une stase sanguine considérable dans le cerveau, et un abcès volumineux à la base du crâne. »

Ce fait, qui n'est point unique dans la science, a pour nous un double intérêt. D'abord il nous apprend que, si le plomb noircit ainsi au contact des cheveux, c'est en se combinant avec le soufre que contient le cheveu lui-même ou qui s'exhale de la tête par la transpiration, d'où résulte un sulfure ; en second lieu, il confirme ce que nous avons dit plus haut des accidents que ce métal développe dans l'économie, une fois que l'absorption l'y a fait pénétrer.

— Mais, répliquera notre héroïne, il s'en faut de beaucoup que je fasse du plomb un abus aussi étrange, et la preuve que tout le monde n'en meurt pas, c'est que je me porte à merveille.

— Soit ; et je vous en félicite. Mais, quand vos cheveux commenceront à grisonner, ne serez-vous pas tentée de forcer les doses ?

— Pas le moins du monde. D'abord il n'est pas sûr que je n'en prenne point mon parti. Puis, n'ai-je pas toujours la ressource de ces teintures végétales qui s'infiltrent dans la chevelure sans porter atteinte à la vitalité ?

— C'est là que je vous attendais. Ah ! vous croyez aux teintures végétales, à leur infiltration dans les chevelures et à leur respect pour les vitalités ! Laissez-moi donc vous dire ce qu'il faut penser de tout cela.

III

TEINTURES.

Récisément, je viens de recevoir le prospectus de l'une d'elles qui, par l'habileté de sa rédaction, peut passer pour un modèle du genre. Je veux vous en citer textuellement quelques passages, pour que vous ne puissiez pas m'accuser de prévention ni d'injustice. Voici comment ce prospectus débute :

« Un cheveu est un végétal. Le point où il s'implante dans la peau présente un petit renflement nommé *bulbe* ou *follicule*, que remplit une humeur assez analogue à la séve. C'est là le réservoir où il puise les sucs qui doivent fournir à son accroissement : c'est là également qu'il reçoit les nerfs qui lui donnent sa sensibilité. On a pu d'autant mieux comparer un cheveu à un végétal que, pour l'un comme pour l'autre, la nutrition s'opère à l'aide de fibrilles spongieuses et déliées. Il y a toutefois cette différence que, tandis que le végétal vit dans sa racine et dans sa tige, le cheveu ne vit que dans sa racine. On a bien invoqué, comme preuve que la tige du cheveu est vivante, le redressement qu'elle éprouve, dans ce qu'on appelle « l'horripilation; » mais c'est là un effet purement mécanique du froncement de la peau, absolument comme, dans la « chair de poule, » se hérissent les papilles de l'épiderme. »

Tout cela est fort exact et dit d'un ton magistral disposant tout à fait en faveur de ce qui va suivre. Je savais MM. les parfumeurs très-ferrés sur la botanique, mais j'ignorais que leurs connaissances s'étendissent jusqu'à la physiologie. Continuons :

« Le cheveu est creusé dans toute sa longueur d'une cavité qu'occupe une sorte de moelle. C'est cette moelle qui, suivant la manière dont elle est colorée, communique au cheveu la nuance qui lui est propre. Pour modifier cette nuance, il faut donc faire arriver jusqu'à la moelle elle-même la liqueur tinctoriale. Or, notre Eau réalise admirablement ce problème. Composée exclusivement du suc de certaines plantes que les brises du Levant ont amoureusement caressées, elle pénètre spontanément le cheveu en même temps que, par une mutuelle affinité, le cheveu se l'assimile. De là une transmutation immédiate. Aussi la vogue extraordinaire et si méritée.... » (*Le reste comme dans tous les prospectus.*)

Voilà une tirade qui gâte un peu la première, du moins quant à ses conclusions. Comment! vous prétendez que votre Eau renferme des sucs tellement subtils qu'ils s'imbibent dans la gaîne du cheveu pour aller se mêler à la moelle et la colorer! Vous ignorez donc que cette gaîne a la dureté et l'imperméabilité de la corne. Je vous garantis, moi, que quelle que soit la subtilité de vos sucs, ils resteront forcément à la surface.

Mais, direz-vous, il faut bien qu'ils la pénètrent, puisque le cheveu est réellement teint et

que sans cela il ne serait que peint. — Le tout
ici est de s'entendre sur les termes. Demandez à
MM. Chevalier et Reveil, qui ont analysé votre
fameuse Eau, quel nom portent dans nos cli-
mats les sucs qu'elle renferme : cela s'appelle du
mercure, de l'argent et surtout du plomb. D'où
ces messieurs infèrent que votre jardin botanique, avec ses brises amoureuses du Levant, pourrait bien n'être autre que le quartier des Halles
ou la rue des Lombards. Maintenant,

Comment en un plomb vil l'or pur s'est-il changé?

Ceci n'est plus mon affaire. Qu'il me suffise
d'avoir rectifié ces quelques licences de géogra-
phie et prouvé que, dans la plupart de ces teintures, il doit y avoir quelque métal sous roche.

Ai-je besoin d'ajouter qu'elles exposeront,
comme les fards, à des accidents d'empoisonnement? Le voisinage du cerveau donnera même
à ces accidents un degré plus grand de gravité, par la facilité avec laquelle l'agent vénéneux pourra passer de l'extérieur à l'intérieur
du crâne, à l'aide des milliers de petites ouvertures dont la boîte osseuse est criblée.

L'expérience apprend en outre que toutes les qualités de cheveux ne sont pas également aptes à recevoir ces teintures. Vous en trouverez de tellement réfractaires qu'ils ne vous offriront jamais que des nuances sans nom ou des reflets impossibles.

Toutefois ces cas deviennent de plus en plus rares, l'art de teindre les cheveux ayant fait dans ces derniers temps les progrès les plus notables. Ainsi je connais des personnes qui, depuis nombre d'années, font usage de quelques-unes de ces préparations (je ne dis pas de toutes), sans que nul puisse s'en douter et sans que leur santé ait paru en avoir aucunement souffert. Mais qui sait ce que l'avenir leur réserve? Mlle Mars, elle aussi, se teignait les cheveux, dans l'espoir d'une éternelle jeunesse, lorsqu'une nouvelle application détermina, sans motifs appréciables, de tels désordres cérébraux qu'elle succomba en une nuit.

Qu'ai-je parlé d'une éternelle jeunesse ! Pour parvenir à en prolonger ainsi, non pas la réalité, mais les apparences, il faudrait que les années n'apportassent en nous d'autres changements que la décoloration de la chevelure. Malheureusement tout dans notre physionomie est solidaire; tout vieillit dans la même mesure et à la même heure. Notre regard, avec l'âge, perd de sa vivacité, notre voix de son éclat, notre sourire de sa fraîcheur et de son charme. L'esprit seul a quelquefois le précieux privilége de devenir plus ferme et plus solide. Ce privilége, gardez-vous donc de l'abdiquer en établissant des contrastes là où la main du créateur se plaît à maintenir un si harmonieux ensemble, et que vos teintures intempestives n'aillent pas d'une tête vénérable faire une tête burlesque.

Mais il me semble entendre d'ici quelqu'une de mes lectrices me faire remarquer qu'au lieu d'accabler ainsi de pauvres femmes dont le seul crime, en définitive, est de vouloir continuer trop longtemps de nous plaire, je devrais bien plutôt réserver mes foudres pour ces ci-devant jeunes gens qui ont les mêmes travers sans avoir les mêmes excuses, leur unique but étant de se complaire à eux-mêmes.

Je comprendrais le reproche si réellement il m'était loisible de sortir du cadre que je me suis

tracé dès le début, et dont l'intitulé même de
ce travail me rappelle à tout instant les limites.
Ah! que ne puis-je, en effet, prendre à partie
quelques-uns de ces *lions* sur le retour qui font ainsi
parade de leur fausse crinière! Avec quel plaisir
je leur décocherais quelque compliment dans le
goût de celui qu'Archidamus adressait à cet am-
bassadeur, assez mal inspiré pour se présenter
devant lui avec des cheveux teints ! « Que peux-tu
dire de vrai, lui cria-t-il, toi qui portes le mensonge sur ta tête? » Le mot était vif, mais franchement le vieux diplomate ne l'avait pas volé.

Oui, il est des pratiques qui peuvent, dans une
certaine mesure, se justifier chez une femme,
mais qui seront toujours profondément ridicules
chez un homme. Du reste la coquetterie mascu-
line reçoit aussi son châtiment mérité : elle
court même un danger de plus.

Je connais un ancien capitaine de la garde na-
tionale qui crut de la dignité de son grade de se
teindre les moustaches dès qu'elles commen-
cèrent à grisonner. A dater de ce moment, ses
digestions, excellentes jusqu'alors, devinrent
difficiles et laborieuses; bientôt ses forces dé-

clinèrent; il tomba même dans un tel dépéris-
sement que, vu l'impuissance des remèdes,
je ne sais ce qui serait advenu si, assistant
un jour à son repas, je n'avais eu l'idée qu'il
était sous le coup d'un empoisonnement causé
par la teinture de ses moustaches. Chaque fois,
en effet, qu'il buvait, la pointe de celles-ci,
qu'il portait fort longues, plongeait dans le verre,
et abandonnait ainsi quelque peu de sa matière
colorante que la boisson entraînait à mesure
dans l'estomac. Je lui prescrivis, pour toute
ordonnance, de cesser de se les teindre et, au
bout de peu de temps, notre homme était complétement guéri.

Mais hâtons-nous de rentrer dans notre cadre,
dont nous nous écartons juste au moment où
nous déclarions ne pouvoir le faire.

Il me paraît donc suffisamment prouvé par ce
qui précède que l'argent, le mercure et le plomb
forment la base à peu près constante de toutes
ces teintures ; par suite, on joue toujours très-
gros jeu en y ayant recours.

Un autre inconvénient attaché à leur emploi,
c'est que, comme elles doivent être appliquées

tout près de la racine des cheveux, sans quoi le point oublié trahirait la ruse, elles finissent à la longue par en dessécher le bulbe, et par amener ainsi une calvitie prématurée. C'est ce qu'Auguste fit comprendre à sa fille, un jour qu'il la surprit se faisant teindre les cheveux :

« Que préfères-tu, lui dit-il, être blanche ou chauve?

— Blanche, répondit-elle.

— Pourquoi alors employer les moyens qui te rendront bientôt chauve? »

Cette anecdote, malgré sa date, n'a rien perdu de son actualité. Personne même plus que notre héroïne n'était capable d'en apprécier la justesse, car, chose que nous ignorions, elle commence à perdre de ses cheveux, et tout ce qui tend à le lui rappeler lui cause une douloureuse émotion. Essayons donc, pour qu'elle ne nous garde pas rancune, de rechercher avec elle s'il n'existe pas quelques recettes contre la calvitie.

IV

RECETTES CONTRE LA CALVITIE.

EUREUSEMENT, le mal n'a fait encore chez elle aucun progrès. Ainsi la raie qui partage si gracieusement son front en deux moitiés n'a rien perdu de sa finesse. Il est vrai que, chez la femme, la calvitie débute rarement, comme chez l'homme, par le sommet de la tête : c'est plutôt par les tempes ; aussi cet état de la raie prouve-t-il peu. D'ailleurs comment se ferait-elle illusion, lorsque son peigne et sa brosse lui rapportent à tout instant des témoignages matériels par trop irrécusables ?

La question pour elle est donc de savoir s'il

existe réellement quelque recette pouvant empêcher les cheveux de continuer de tomber.

Jé ferai remarquer d'abord que, le cheveu étant un produit de sécrétion, il ne répugne nullement d'admettre que, comme pour tous les produits de ce genre, on puisse agir sur lui en agissant sur son appareil sécréteur. Puis, je m'abuse grandement ou l'expérience a déjà prononcé. Ainsi je crois avoir parfaitement vu l'emploi de certains topiques ralentir la chute des cheveux ou même la suspendre.

Mais peut-on espérer plus encore? Y aurait-il, par exemple, quelque moyen de les faire repousser?

Les faire repousser! Voilà de ces questions qui, au lieu de provoquer un examen calme et approfondi, ont l'inévitable privilége d'être accueillies pour toute réponse par des caricatures et des épigrammes. Et, en effet, quoi de plus divertissant que le spectacle d'une jeune fille, d'une jeune femme qui voit ainsi s'effeuiller un à un le plus gracieux de ses ornements, et qui, hier encore, l'orgueil de nos salons, ne sera peut-être plus demain qu'une reine découronnée!

Ah ! on voit bien que vous n'avez jamais reçu, comme nous, médecins, les douloureuses confidences d'une mère ou d'un mari. Aussi, dussé-je provoquer une nouvelle explosion de plaisanteries, et celles-là à mon adresse, je n'hésite pas à prendre la question très au sérieux et à déclarer que j'ai vu quelquefois, sous l'influence d'une médication appropriée, le crâne se regarnir.

Seulement entendons-nous. Je parle d'une médication appropriée, c'est-à-dire en rapport avec le principe même qui a produit ou qui entretient la calvitie, et non d'une recette unique s'adaptant à tous les cas,

Car cet heureux Phénix est encore à trouver.

Je doute même qu'il se trouve jamais, ce qui conviendrait à l'un ne pouvant nécessairement convenir à l'autre, si même il ne lui était contraire. Aussi remarquez que tous les spécifiques les plus vantés finissent tôt ou tard par tomber dans un même discrédit.

Ce qu'il faut donc avant tout, c'est s'attacher à reconnaître la cause même de la calvitie. La plus fréquente comme la plus accessible à nos traitements est celle qui réside dans l'atonie du bulbe. Tel est heureusement le cas de notre héroïne. Je sais qu'elle veut n'y voir que l'effet du printemps dont précisément la saison commence ; mais ne devrait-elle pas plutôt y voir l'effet de l'hiver dont précisément, au contraire, la saison finit? C'est qu'elle arrive à un âge où l'on n'abuse plus avec la même impunité du théâtre, des bals et des concerts. Comment le lui faire comprendre sans la blesser? Il est vrai que ce qu'elle nous demande est beaucoup moins un sermon qu'un avis. Cet avis, bornons-nous donc à le lui donner.

Chez elle la calvitie s'est annoncée, comme cela arrive d'habitude, par l'apparition sur le cuir chevelu de petites pellicules qui ont fini par étouffer le follicule pileux. Et cependant de combien de recettes n'a-t-elle pas essayé! C'est qu'ici, comme pour tout ce qui est remède, une extrême abondance de moyens indique presque toujours une extrême inanité de résultats. Et moi aussi j'ai dû, par devoir, expérimenter la plupart de ces eaux dites « anti-pelliculaires. » Or, sur

le nombre, il n'en est, à vrai dire, qu'une seule
qui m'inspire une confiance réelle : c'est celle
du docteur Walter que nous a fait connaître, à
Paris, la pharmacie Hauduc.

Cette eau, dont on a bien voulu me communiquer la formule, ne contient aucun principe
nuisible, ce qui est déjà quelque chose quand
il s'agit de cosmétiques. Appliquée le matin et
mieux encore le soir en lotions sur la tête, puis
séchée presque immédiatement à l'aide d'un
linge fin, elle détache les pellicules et, si on en
prolonge suffisamment l'usage, elle s'oppose
presque toujours à leur reproduction.

Mais, nous le savons, il s'agit beaucoup moins
pour notre héroïne de prévenir le mal que de
le combattre, ses cheveux déjà commençant à
tomber. Laissons donc les pellicules pour ne nous
occuper que de sa calvitie, dont nous avons
déjà indiqué l'origine.

Sous quelle forme devront lui être administrés
les agents destinés à y porter remède? Ses cheveux, nous ne l'avons pas oublié, sont un peu
trop secs de leur nature ; ajoutons que, depuis
qu'ils tombent, cette sécheresse semble avoir

augmenté. C'est donc le cas ou jamais de recourir aux pommades. Seulement, ici encore,
vous aurez le très-grand embarras des richesses,
car quelle pommade au rhum, au kirsch, à
l'huile de ricin, au tannin, ou au quinquina,
ne se pose pas comme le seul et unique régé-
nérateur de la chevelure? Aussi le choix n'est-il
que trop souvent déterminé par de simples
commérages.

Tenez-vous au contraire à procéder avec méthode, n'oubliez pas que la première chose à
faire, dans toute calvitie, c'est de s'assurer que
l'affection est indépendante d'une altération quelconque du cuir chevelu, du pityriasis, par exemple, qui en est de toutes la plus commune. Vous
vérifierez également si le cheveu lui-même ne
serait pas malade, ce qui se reconnaît à ce qu'il
est terne, mat, comme éteint, au lieu d'offrir ces
reflets brillants et doux qui sont l'indice de la
santé. Ce seraient là, bien entendu, autant de
contre-indications à tout traitement immédiat.

Mais j'admets qu'il s'agit, comme chez notre
héroïne, d'une calvitie simple par atonie bul-
baire. Vous pourrez alors faire intervenir avec

avantage quelqu'une des préparations dont
nous venons de parler, vous guidant pour
leur choix sur les indications fournies par
les susceptibilités organiques individuelles.
Surtout veillez à ce qu'aucune de ces préparations ne renferme de cantharides ; les cantharides, par l'usage et, à plus forte raison, par l'abus
qu'on en fait, sont le grand fléau des cosmétiques de la tête. Veillez aussi à ce qu'une même
pommade ne renferme pas trop de substances
car, au lieu de se renforcer ainsi mutuellement,
elles se nuiraient plutôt en neutralisant leur activité respective.

La vogue est aujourd'hui aux préparations de
quinquina. Ce sont également celles que je préfère comme les meilleures, encore bien que
toutes, y compris le sulfate de quinine, soient
insolubles dans les corps gras, circonstance qui,
outre qu'elle rend la tête plus difficile à nettoyer, amoindrit notablement leur action sur le
bulbe, tout médicament agissant en raison directe de sa solubilité.

Aussi avais-je prié l'ancien chef des travaux
chimiques de l'Académie impériale de méde-

cine, dont le concours m'avait déjà été tant de fois utile dans les analyses des eaux miné-rales, de vouloir bien chercher quelque moyen de dissoudre la quinine elle-même dans une pommade, afin qu'elle en fît partie intégrante, au lieu d'y être simplement maintenue par suspension. La grande difficulté consistait ici, moins peut-être à obtenir cette dissolution, qu'à bien calculer jusqu'à quel point l'on pouvait en saturer la pommade, sans porter atteinte à son onctuosité ni à son arome, non plus qu'à ses vertus hygiéniques. Hâtons-nous de le dire, le savant académicien a résolu ce délicat pro-blème de la manière la plus heureuse, et l'évé-nement semble devoir justifier de tous points mes prévisions. Ainsi les divers essais auxquels il s'est livré et ceux que j'ai tentés moi-même, ne laissent pas plus de doute dans son esprit que dans le mien sur l'utilité de cette *pom-made titrée*, comme il la désigne. Maintenant dans quelle mesure devra-t-elle triompher de la calvitie? C'est ce qu'il n'appartient qu'à l'expé-rience de décider en dernier ressort.

Nous avons vu que chez notre héroïne l'atonie

du bulbe se rattache à une sorte d'alanguissement de toute l'économie. Il est donc assez rationnel de ne point se borner à lui prescrire une
médication simplement locale; mieux vaut agir
en même temps sur l'ensemble de sa constitution. Pourquoi, par exemple, n'essayerait-elle
pas de quelque eau minérale réconfortante? Les
eaux sont aujourd'hui le grand moyen à la mode
et, cette fois du moins, la mode a raison. Sans
doute, mais en est-il quelqu'une de spéciale contre la calvitie? Qu'il me soit permis, pour toute
réponse, de lui citer le passage suivant de mon
Guide aux eaux (page 358).

« Les sources minérales de Casciana, en Toscane, doivent leur découverte à une aventuré
quelque peu légendaire qui remonte à la fin
du onzième siècle, et dont le héros n'est autre
que le merle favori de la fameuse comtesse
Mathilde. Ce merle, au dire des chroniqueurs,
avait vu successivement tomber toutes ses
plumes, et, dans sa confusion, il s'était retiré
au fond d'un marécage. Là, un secret instinct,
ou peut-être l'excès même du désespoir, le firent
se rouler chaque jour dans le limon des eaux.

Bientôt, ô prodige ! tout son corps se recouvrit d'un épais duvet. Ce duvet grandit, devint plume, et plume du plus beau noir, de telle sorte qu'au bout de trois semaines d'absence, l'oiseau revint chez sa maîtresse plus éclatant que jamais. Il produisit, on le comprend, une vive sensation. Comme on avait épié ses démarches, les mérites de la cure furent généralement rapportés à la source, qui avait passé jusqu'alors pour une eau croupissante et malsaine : aussi s'empressa-t-on d'y organiser des bains. Inutile d'ajouter que les dames de la cour dont la chevelure, par ses avaries, rappelait plus ou moins les infortunes du merle, furent les premières qui en firent usage. Le résultat, je le crains bien, trompa quelque peu leur attente ; mais, en revanche, elles ne tardèrent pas à se sentir plus agiles et plus fortes. Ainsi fut fortuitement révélée l'action tonique des eaux de Casciana. »

Les médecins de cette station thermale m'ont reproché non sans quelque amertume, ni peutêtre sans quelque raison, la petite pointe d'incrédulité qui perce vers la fin de ces lignes. Et, en effet, il ne répugne nullement d'admettre qu'au milieu de cette impulsion communiquée par les eaux à l'ensemble de l'organisme, le cuir chevelu, lui aussi, n'en reçoive sa part d'activité, laquelle se traduira par un accroissement plus ou moins marqué de sa force de végétation. Que nos Parisiennes ne perdent donc pas tout espoir de rencontrer ainsi quelque eau minérale réparatrice. Celles de Casciana ne doivent en définitive leur spécificité contre la calvitie qu'au fer qui les minéralise; or, comme la Toscane n'a pas le monopole des sources ferrugineuses, il n'est même pas nécessaire d'aller si loin pour en trouver qui opèrent littéralement les mêmes miracles.

V

FAUX CHEVEUX.

Si, après avoir vainement tout épuisé, notre héroïne continue de voir son crâne se dégarnir, on ne manquera pas de lui conseiller un grand et douloureux parti, celui de se faire entièrement couper les cheveux. Mieux vaut d'abord qu'on se contente de les lui rafraîchir, comme on émonde un arbre dont on veut ménager la séve. Si pourtant ce moyen ne suffit pas, il faudra bien qu'elle se résigne à en compléter le sacrifice. Seulement je suis plus partisan, dans ce cas, des ciseaux que du rasoir, le rasoir ayant l'in-

convénient de pénétrer quelquefois jusqu'à l'in
térieur du follicule pileux et d'en compromettre
par suite la vitalité.

La voilà donc tondue.... Tant de succès et surtout tant d'imprudences ont abouti à la fatale nécessité des chevelures postiches ! Heureusement,
et ce n'est pas là de notre part une consolation banale, l'art de les ajuster est arrivé aujourd'hui à un tel degré de perfection que ce
n'est réellement plus la peine d'avoir de beaux
cheveux naturellement. Aussi ne serais-je pas
surpris que déjà, sans nécessité aucune et à titre
de simple renfort, elle eût pris les devants.

C'est du reste chose tellement passée dans
nos usages, j'ai presque dit dans nos mœurs,
que Tertullien lui-même ne serait pas beaucoup
mieux écouté ici qu'il ne le fut à Carthage ou à
Rome, alors qu'il adressait aux chrétiennes de
son temps cette foudroyante apostrophe : « Rougissez au moins de mettre sur votre tête, sanctifiée par le baptême, les dépouilles de quelque misérable qui a croupi honteusement dans
les bagnes, ou de quelque scélérat qui a expié
ses crimes sur l'échafaud. »

Voilà certes un beau mouvement oratoire. Et cependant en est-il beaucoup parmi nos élégantes qui voulussent s'avouer convaincues? Heureux encore si, retournant l'argument, elles ne faisaient pas remarquer que ce ne sont plus les forçats ni les suppliciés qui approvisionnent nos coiffeurs, mais bien celles de nos provinces où règne le plus de moralité : la Normandie, l'Alsace et la Bretagne. D'où il résulterait que pareils cheveux devraient plutôt être un précieux talisman.

Mais pourquoi recourir ainsi à des échappatoires, alors qu'il serait si facile de se justifier par de bonnes, par d'excellentes raisons? Car enfin, la chevelure n'est pas seulement un ornement; elle constitue de plus une enveloppe protectrice du crâne. De même qu'elle prévient de trop brusques refroidissements en maintenant autour de la tête une chaleur douce et uniforme, de même aussi elle s'oppose à une trop grande caloricité, en amortissant ou, si l'on veut, en tamisant l'action des rayons solaires. Que de fois sa perte a déterminé des maux de tête, de gorge ou d'oreilles, et surtout des maux d'yeux[1] ! Il peut donc être réellement utile d'y suppléer par des emprunts artificiels.

Sachez toutefois mettre une certaine réserve dans ces emprunts. Les cheveux naturels ont toujours plus ou moins de tendance à faire mauvais ménage avec les chevelures postiches et, par le fait de cette incompatibilité, ils repoussent mal ou tombent facilement.

Enfin que nos jeunes femmes, et surtout que celles qui commencent à ne plus l'être, me permettent encore de leur donner un conseil. Le grand art consiste ici à manœuvrer prudemment et à ne point prétendre, avec un simple taillis, simuler une forêt de cheveux. N'allez pas l'oublier ; nous apercevons toujours plus ou moins les tiges qui supportent les rameaux et, si vous multipliiez par trop les feuillages, nous reconnaîtrions de suite que votre tête se trouve surchargée d'une végétation impossible.

1. Dans toutes les maisons religieuses où la règle exige que la tête soit rasée, à la Trappe, par exemple, l'affaiblissement prématuré de la vue est un fait tellement constant qu'il est passé à l'état d'observation vulgaire.

VI

ÉPILATOIRES.

JE ne prévoyais point devoir, à propos de notre heroïne, aborder le chapitre des épilatoires, ceux-ci ayant surtout pour objet d'obtenir ce que, par un hardi néologisme, MM. les perruquiers appellent « l'exhaussement du front. » Or, chez elle, les cheveux encadrent et couronnent le visage d'une manière si gracieuse, qu'elle ne saurait vouloir, à leurs dépens, en agrandir l'ovale. D'ailleurs elle a trop d'esprit pour ne pas savoir que ces grossiers stratagèmes ne trompent personne, et que même ils tendraient plutôt à justifier le dicton qui veut « qu'un front étroit loge en général des idées étroites. » Voyez pourtant ce que peut une plaisanterie, même adressée sans intention de blesser! Elle songe aux épilatoires depuis qu'une de ses amies qu'elle avait un peu perdue de vue, lui a dit dernièrement, en la rencontrant, « qu'elle avait actuellement de la barbe *comme un sapeur.* » Le mot devait, ce semble, d'autant moins l'impressionner, que cette prétendue barbe n'est même pas une barbiche : c'est un simple duvet qui a, de tous temps, ombragé sa lèvre supérieure, sauf qu'aujourd'hui il est un peu plus apparent qu'autrefois. Mais n'importe. L'idée ne la quitte plus. C'est au point que, se trouvant dernièrement sur le passage d'un régiment que précédaient des sapeurs véritables, il lui sembla qu'ils la regardaient d'un air qui voulait dire qu'elle aussi serait digne de s'enrôler dans leur bataillon d'élite.

J'aime à croire qu'elle finirait par ne plus songer à ces enfantillages. Et cependant il est peut-être prudent qu'elle sache dès maintenant ce que c'est qu'un épilatoire.

Un épilatoire a toujours pour base des substances plus ou moins caustiques. Je citerai comme exemple le fameux *rusma* des Orientaux, dont toutes nos préparations ne sont que l'imitation ou la copie. En voici la recette, telle qu'elle m'est envoyée de Constantinople par un de nos anciens internes en pharmacie, chargé aujourd'hui de l'approvisionnement du sérail :

C'est un mélange de chaux vive et de sulfure d'arsenic, que l'on a fait bouillir dans une lessive fortement alcaline. Pour l'essayer, on y plonge une plume : si les barbes s'en détachent, c'est qu'il est à point. On y ajoute alors un peu d'amidon pour en faire une pâte que l'on applique sur les parties velues que l'on veut rendre nettes. En quelques minutes, l'effet est produit.

Je n'ai certes pas de peine à le croire. Trouvez donc, soit en Turquie, soit en France, des cheveux ou des barbes qui puissent résister à de pareils topiques ! Seulement je me permettrai de demander ce que devient la peau au milieu de tout cela. Votre rusma a beau être l'épilatoire favori des sultanes, il n'en devra pas moins se comporter comme un agent inintelligent et brutal. On m'assure qu'à Constantinople la grande habitude de s'en servir fait que son emploi est à peu près inoffensif : à Paris alors nous sommes moins habiles, car on a vu, nombre de fois ces épilatoires laisser après eux des cicatrices difformes ou même devenir l'occasion des accidents les plus sérieux.

N'allez donc point, croyez-moi, vous exposer à de pareils dangers pour de si minces résultats, ou plutôt pour des résultats tout autres que ceux qu'on vous promet; car enfin, avec quelque obstination que vous détruisiez le cheveu extérieurement, vous ne l'empêcherez jamais de continuer de vivre dans sa racine. Par suite la partie dénudée de la peau ne saurait tarder à se recouvrir d'une nouvelle végétation laquelle, comme cela arrive constamment, deviendra d'autant plus touffue que vous en répéterez davantage les coupes. Pourquoi dès lors ne pas vous en tenir tout simplement à la classique pince à épiler?

NOS PARISIENNES

SONT DE VÉRITABLES MITHRIDATES.

Au moment de clore ce qui se rattache aux cosmétiques de notre Parisienne, une chose peut-être doit nous étonner, c'est qu'elle soit encore en vie, tant nos parfumeurs semblent avoir pris à tâche d'approprier à ses usages la science des Locuste et des Brinvilliers. Et pourtant elle y a résisté! C'est que, comme pour Mithridate, sa constitution y a été préparée de longue main et qu'elle a fini, de même, par acquérir une immunité véritable. Un rapide coup d'œil jeté sur son passé nous prouvera qu'effectivement on l'a élevée, dès ses jeunes ans, à ce qu'on pourrait appeler « l'école des poisons. »

Enfant, ses joujoux ont été un mirliton, une poupée ou même une trompette. Or le mirliton doit ses enjolivements verts à l'arsénite de cuivre ; la poupée, sa blancheur éblouissante à la céruse ; enfin toute trompette, pour mieux ressembler à celle des soldats, a son embouchure peinte en jaune avec le chromate de plomb, ou en rouge avec l'oxyde du même métal. Convenez que ce n'est déjà pas trop mal pour un début. Et les bonbons ! De son temps, on les colorait avec les mêmes substances que les joujoux, de telle sorte qu'ils offraient les mêmes dangers. C'est depuis quelques années seulement et à la suite d'une enquête ayant révélé de nombreux cas d'intoxication, qu'une ordonnance de police a défendu à tout confiseur d'employer désormais d'autres teintures que des teintures végétales, reconnues inoffensives. On n'a donc plus à redouter, aujourd'hui, que des indigestions simples : celles-là n'en parlons pas, car il est bien à craindre que, de longtemps encore, elles ne bravent tous les décrets de l'autorité.

Arrive le moment où elle va être en âge d'aller au bal. Comme une jeune fille

De superbes rubis ne charge point sa tête,

une main, pour la première fois peut-être imprévoyante, celle de sa mère,

Cueille en un champ voisin ses plus beaux ornements.

J'ai dit « imprévoyante. » C'est que nous ne sommes plus, hélas! au beau temps des mœurs pastorales. Ce champ par conséquent n'est autre que quelque magasin en renom, et par suite il ne saurait produire que des fleurs artificielles, lesquelles empruntent leur teinte verte à un sel d'arsenic. Ainsi, pendant toute une soirée, le front et les tempes de la jeune fille seront en contact avec un poison des plus terribles! Peut-être même, au sortir du bal, lui jettera-t-on sur les épaules encore moites, par conséquent très-aptes à absorber, une écharpe également teinte en vert à l'aide du même sel.

Quelques années de plus et elle devra se marier. Or, qui dit mariage dit forcément corbeille, celle-ci n'en étant que le gracieux avant-coureur. Est-ce que par hasard un agent vénéneux quelconque parviendrait de même à s'y glisser ? Le fait suivant nous tiendra lieu de réponse.

Je fus appelé dernièrement près d'une jeune personne qui, la veille même du jour où elle devait se rendre à l'église, se trouvait prise d'accidents rappelant ceux d'un empoisonnement par le plomb. J'eus beau la questionner sur l'emploi de son temps, sur ce qu'elle avait touché, mangé ou bu, je n'appris rien de nature à m'éclairer. Sa mère me dit même qu'elle n'avait pas quitté l'appartement de la journée, occupée qu'elle était à passer en revue les divers cadeaux que je voyais étalés dans sa chambre. M'étant approché un peu machinalement de magnifiques volants de dentelle qui étaient encore dans leur carton, et les ayant soulevés pour mieux en admirer le travail, j'en vis sortir une poussière blanchâtre qui me donna de suite le mot de l'énigme. Cette poussière, en effet, ne pouvait être que du carbonate de plomb, par suite de l'usage où l'on est en Belgique de blanchir la dentelle, non pas en la lavant, ce qui lui ôterait de son prix, mais en y incorporant de la céruse par le battage. Notre fiancée s'était donc assimilé cette céruse, soit en la respirant, soit en la portant à ses lèvres avec les doigts. Heureusement les accidents étaient de trop fraîche date pour résister longtemps à un traitement approprié. Toujours est-il que de simples volants faillirent transformer une robe de noce en une tunique de Nessus.

Il me serait facile de multiplier ces exemples, à propos de notre héroïne. Ainsi, c'est l'arsenic qui colore en vert les bougies, les papiers et les tentures de son boudoir; il colore de même en vert la cire et les pains qui servent à cacheter ses lettres; enfin c'est encore à l'arsenic qu'est due la teinte verte de sa robe de tarlatane. Et cependant, au milieu de cette atmosphère de poisons, elle semble gaie, rieuse, bien portante! J'avais donc raison de le dire : « nos Parisiennes sont de véritables Mithridates. »

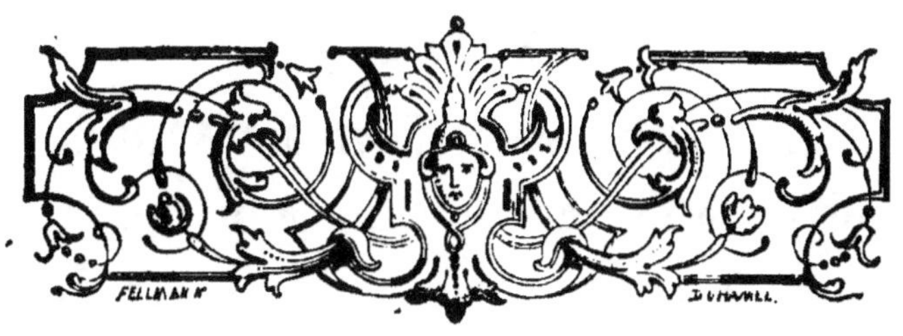

CONCLUSIONS.

AINSI nos parfumeurs, en ajoutant à leurs produits divers agents vénéneux, ne font qu'imiter les autres industries. Et encore n'avons-nous rien dit des substances plus ou moins inertes qu'ils y incorporent frauduleusement, dans le but d'en accroître la valeur vénale. Rien qu'à Montmartre et à la Villette, il existe de nombreux moulins occupés uniquement à pulvériser le plâtre qui devra renforcer les pommades et les poudres. Mais ne parlons que des poisons.

Puisque le mal est si général, en conclurons-nous qu'il est sans remède et qu'il ne reste plus qu'à en prendre philosophiquement son parti? Tel n'a pas été l'avis de l'Académie impériale de médecine, lors d'une discussion provoquée récemment dans son sein par diverses communications sur les dangers de certains cosmétiques. Plusieurs de ses membres, et de ses membres les plus autorisés, étant venus tracer l'effrayant et douloureux tableau des nombreux cas d'empoisonnement que leur offrait chaque jour leur propre clientèle (car ces choses-là ne se voient pas dans les hôpitaux), l'Académie jugea le danger assez sérieux pour qu'elle dût réclamer l'intervention de l'autorité supérieure. Elle s'appuya principalement sur l'étrange anomalie que voici : tandis que défense est faite à tout pharmacien de laisser sortir de son officine aucune substance vénéneuse sans ordonnance de médecin et sans y avoir joint une bande rouge, en guise d'étiquette d'alarme, tout parfumeur, au contraire, peut délivrer de son propre chef ces mêmes substances à titre de cosmétiques; au besoin même il les décorera de faux noms qui, nous l'avons vu, équivalent à autant de certificats d'innocuité. N'est-ce pas là une contravention flagrante aux lois qui régis-

sent la vente des poisons? N'est-ce pas là surtout un odieux mensonge?

Aussi l'Académie proposa-t-elle à l'administration « de faire visiter de temps en temps
les laboratoires et magasins des parfumeurs
par les écoles de pharmacie ou par les conseils
d'hygiène, à l'effet de prélever des échantillons
des cosmétiques et de les soumettre à l'ana-
lyse. »

Toutefois, je dois le dire, ces conclusions ne
passèrent pas sans une opposition assez vive.
On fit remarquer d'abord que, réclamer ainsi
une même surveillance pour toute espèce de
cosmétiques, c'était pousser le zèle par trop
loin, car il s'en faut qu'ils méritent tous une
égale sollicitude. Qu'importe, par exemple, à la
chose publique qu'une vieille coquette soit
quelque peu punie par où elle a péché ! Pré-
venez-la que les fards contiennent habituellement des poisons et vous serez plus que quitte
envers elle; il est même bon de la laisser à cet
égard dans un certain vague, la crainte devant
avoir sur son esprit plus d'empire que la raison.
Puis un poison ne doit souvent être réputé tel

que parce qu'on l'emploie mal à propos ou qu'on n'a pas su en calculer les doses : manié intelligemment, il pourra devenir un agent précieux, voire même un agent hygiénique. Ceci est si vrai que l'application de la chimie aux arts industriels ne repose pas sur d'autre principe. Pourquoi, enfin, mettre ainsi en suspicion toute une classe de produits, laquelle constitue l'une de nos richesses nationales? C'est oublier que dans le nombre il en est d'excellents, et que leur incontestable supériorité sur ce qui se fabrique ailleurs a valu de tout temps, à la parfumerie parisienne, l'honorable et lucratif[1] privilége d'approvisionner le monde entier.

On aborda ensuite un autre ordre d'objections dont la forme piquante ne fit que mieux ressortir les difficultés pratiques de ces interventions officielles. Prenez garde, s'écria-t-on : il n'y a pas que les cosmétiques qui intéressent la santé générale. Quoi de plus dangereux, par exemple, qu'un corset qui comprime la poitrine, la déforme et met ainsi obstacle au jeu des or-

---

1. Le commerce de la parfumerie s'élève annuellement, rien que pour Paris, à une somme de près de 100 millions.

ganes respiratoires? Il faudra donc, pour être conséquente avec elle-même, que l'autorité réglemente la force des élastiques, la résistance des baleines et la courbure des buscs. Et la chaussure, n'est-ce pas pitié de voir comment on se mutile les pieds en s'obstinant à la porter trop étroite? Pour être logique jusqu'au bout, l'autorité devra donc encore réprimer avec la même énergie cet envahissement des empeignes et des tiges. Vous voyez que ce système mènerait singulièrement loin.

Cependant, je le répète, l'Académie le sanctionna par son vote. Mais le ministre lui fit répondre que « ces moyens préventifs ne tendraient qu'à multiplier les occasions d'intervention dans les affaires privées, et que c'était là une tendance à laquelle l'administration ne saurait adhérer. »

Ainsi point de contrôle : partant point de répression.

Je dis « point de répression. » Sans doute la loi punit toute tromperie sur la nature et la qualité de la chose vendue, mais il semble que les cosmétiques aient le privilége de braver aussi impunément les foudres de la législation que celles de la Faculté. Ainsi, il y a peu d'années, eut lieu un gros procès à propos d'accidents graves d'empoisonnement survenus chez plusieurs comédiens et comédiennes par l'emploi de fards à base de plomb. Rien n'y manqua pour en accroître le retentissement : expertise médico-légale; rapport; contre-rapport; déposition des victimes; plaidoiries passionnées, enfin condamnation des prévenus à la prison et à l'amende. Voilà, certes, qui devait donner grandement à réfléchir. Oui, mais intervint plus tard un arrêt de la cour impériale prononçant un acquittement sans réserve, motivé principalement sur ce que la céruse n'est point classée parmi les substances vénéneuses.

Semblable échec est de nature à tempérer bien des velléités de plaintes devant les tribunaux. D'ailleurs, fût-on sûr de réussir, qui donc, en dehors du monde des théâtres, ira ainsi, de gaieté de cœur, livrer son nom aux cent voix du journalisme pour faire connaître que telle lotion lui aura brûlé la figure au lieu de la lui rajeunir, ou telle pommade dévasté les cheveux au lieu de les faire repousser ? Le public, dont pourtant ici les intérêts sont en jeu, ne veut voir dans les causes de ce genre que leur côté plaisant ou ridicule, et l'action intentée dernièrement par une grande dame de Londres à son *émailleuse*[1] a trop longtemps défrayé nos salons pour amener beaucoup d'imitateurs.

Ainsi la société se trouve forcément réduite à se défendre et à se protéger elle-même. Mais pour que cette défense et cette protection représentassent autre chose qu'un abandon pur et simple, il faudrait que chacun de ses membres fût assez chimiste pour pouvoir analyser lui-même tout produit suspect ; il faudrait de plus qu'il eût à sa disposition le temps, les moyens et les appareils nécessaires pour ces délicates manipulations : toutes circonstances dont la réunion, impossible en tout pays, ne pourrait, du moins

1. C'est le nom que se donnent, de l'autre côté du détroit, de soi-disant guérisseuses de taches qui prétendent, à l'aide de certains cosmétiques, émailler la peau, comme on émaille une baignoire. Le procès en question a été fécond en curieuses révélations, mais sans nuire à leur industrie.

en France, être remplacée par rien. Je dis « en France. » C'est qu'habitués que nous sommes à tout attendre de l'administration, nous manquons jusqu'ici de ces associations puissantes qui suppléent, en Angleterre, à l'initiative individuelle, et qu'a naturellement multipliées la longue pratique du *self-government*. Et pourtant, même chez nos voisins, où l'intervention privée déploie tant d'activité et d'énergie, les abus ont fini par prendre de telles proportions, que la recherche des moyens d'y porter remède est devenue la grande question du jour.

Mais laissons de côté les théories et les systèmes pour ne nous occuper que du fait. Il est hors de doute que, chez nous, la société semble condamnée, plus que jamais, à rester à la merci du premier charlatan possédant l'art, qui s'acquiert si vite, de joindre à l'audace l'adresse de la réclame. Eh bien! non, il n'en sera pas ainsi. N'oublions pas, nous autres médecins, que nous avons charge d'âmes, en ce sens que rien de ce qui touche à la santé publique ne saurait nous trouver ni désarmés ni indifférents. L'autorité elle-même, alors qu'elle nous choisit comme experts ou comme arbitres dans tous les cas litigieux de ce genre, ne semble-t-elle pas vouloir, par le caractère même du mandat qu'elle nous confie, nous rappeler ce que la société est en droit d'attendre de notre vigilant concours ! C'est donc à nous de nous renseigner sur la nature, la composition et les qualités des divers cosmétiques, j'ajouterai même sur les maisons qui nous offrent, à cet égard, le plus de garanties, afin que, devenus aptes à distinguer le bon grain de l'ivraie, nous puissions guider sûrement qui nous consulte.

Si, dans le triage que je viens d'essayer de faire de ces cosmétiques, j'ai été un peu avare d'éloges, ce n'est pas que j'aie craint, en les multipliant, d'encourir le reproche ou seulement le soupçon d'une bienveillance intéressée. C'est tout simplement que je ne pouvais louer beaucoup de produits sans me mettre dans l'obligation de louer également tous ceux qui méritent de l'être; autrement l'omission ou l'oubli de quelques-uns eût créé autant d'exclusions désobligeantes. Je me serais même abstenu d'en citer un seul si, dans le nombre, deux ou trois ne m'avaient paru, par leurs propriétés hors ligne, mériter une mention exceptionnelle.

Mon plan, du reste, comportait avant tout une vue d'ensemble. Puis la manière dont j'avais, au début, envisagé mon sujet, me donnait forcément un rôle de critique. Ce rôle, je m'étais promis de m'en acquitter avec réserve; je crois y avoir réussi. N'aurais-je pas pu, par exemple, au lieu de m'en tenir à de simples indications générales qui, par cela même qu'elles laissent planer le soupçon sur chacun et sur tous, n'atteignent pas suffisamment les vrais coupables, n'aurais-je pas pu, dis-je, désigner nommément telle ou telle préparation, rectifiant ainsi par la publicité les erreurs que cette même publicite propage et accrédite? Je ne l'ai pas voulu. Mais ce que je n'ai pas fait aujourd'hui, je ne prends point pour cela l'engagement de ne pas le faire un jour. Qu'importent les ennuis de toute nature (j'en sais déjà quelque chose) que de semblables révélations doivent nécessairement susciter à quiconque les dénonce à l'opinion abusée! Il est des cas où parler est un devoir, et jamais

médecin, ayant la conscience de sa mission, ne
s'inspirera de cet aveu égoïste de Fontenelle :
« Si j'avais la main pleine de vérités, j'hésite-
rais à l'ouvrir. »

TABLE DES MATIÈRES.

DEUXIÈME PARTIE.

UNE SOIRÉE CHEZ NOTRE ROMAINE.

FIN DE LA TABLE

Imprimerie générale de Ch. Lahure, rue de Fleurus, 9, à Paris.